Claudia Hochbrunn und Andrea Bottlinger legen in diesem amüsanten Streifzug durch die Literaturgeschichte berühmte Romanfiguren auf die Couch und überprüfen deren Geisteszustand. Hätte man die Eltern von Ödipus mit einer Erziehungsberatung vor dem Schlimmsten bewahren können? Wäre Romeo und Julias Geschichte anders verlaufen, wenn sie keine pubertierenden Teenager gewesen wären? Und hätte ein zwangloser Umgang mit Sexualität Goethes Werther vom Selbstmord abgehalten?

Fest steht: Gute Geschichten funktionieren seit jeher nur, weil ihre Helden nicht perfekt sind, sondern eine ordentliche Macke haben und Fehler machen.

Claudia Hochbrunn ist Fachärztin für Psychiatrie und Psychotherapie. Sie arbeitete viele Jahre lang in verschiedenen psychiatrischen Kliniken, beim Sozialpsychiatrischen Dienst sowie im forensischen Maßregelvollzug mit Schwerverbrechern. Zum Schutz ihrer Patienten verfasst sie ihre Bücher unter Pseudonym.

Andrea Bottlinger studierte Buchwissenschaft und Komparatistik und arbeitet als Lektorin und Übersetzerin. Sie hat mehrere Romane veröffentlicht.

Claudia Hochbrunn
Andrea Bottlinger

HELDEN AUF DER COUCH

**Von Werther bis Harry Potter –
ein psychiatrischer
Streifzug durch
die Literaturgeschichte**

Rowohlt Taschenbuch Verlag

Originalausgabe
Veröffentlicht im Rowohlt Taschenbuch Verlag,
Hamburg, Oktober 2019
Copyright © 2019 by Rowohlt Verlag GmbH, Hamburg
Covergestaltung ZERO Media GmbH, München
Coverabbildung FinePic®, München
Satz aus der Abril Text
bei Dörlemann Satz, Lemförde
Druck und Bindung CPI books GmbH, Leck, Germany
ISBN 978-3-499-60672-4

Das für dieses Buch verwendete Papier ist FSC®-zertifiziert.

INHALT

Vorwort **7**
Einführung – Haben sich die Menschen
wirklich jemals verändert? **9**

**Erste Etappe der Weltliteratur:
Die Antike**

König Ödipus – Warum der dependente
Persönlichkeitstypus eine ganze Familie
in den Abgrund führen kann **14**

**Zweite Etappe der Weltliteratur:
Das Mittelalter**

König Artus, oder: Wie Frauen alles ruinieren **29**

**Dritte Etappe der Weltliteratur:
17. – 19. Jahrhundert**

Romeo und Julia – zwei Teenager im Liebestaumel **47**
Werther – Verderber der Jugend **62**
Karl May – Trickbetrüger und Idealist **73**

Dracula – der wohl bekannteste Untote der Welt **88**

Sherlock Holmes – Genie und Arschloch **108**

Vierte Etappe der Weltliteratur: 20. Jahrhundert

Die Verwandlung – Schrecken aller Schüler **120**

Vom Winde verweht – Kommunikationsprobleme im amerikanischen Bürgerkrieg **128**

Pippi Langstrumpf – das freche Mädchen von nebenan **143**

Momo – ein Kinderbuch, das eigentlich gar kein Kinderbuch ist **153**

Der Name der Rose – Sherlock Holmes im Mittelalter **163**

Fünfte Etappe der Weltliteratur: 21. Jahrhundert

Harry Potter – der Junge, der die Welt eroberte **177**

Twilight – Wenn's glitzert im Walde **199**

Fifty Shades of Grey – der Bestseller, von dem keiner weiß, warum er ein Bestseller geworden ist **215**

Rückblick und Ausblick anstelle eines Nachworts **231**

VORWORT

Menschliche Gesellschaften definieren sich über ihre Werte – das war schon immer so, seit die Menschen in der Steinzeit anfingen, sich selbst als Individuum mit eigenem Brauchtum und eigener Kultur wahrzunehmen. Und schon immer war der Wunsch des Menschen vorhanden, seine Empfindungen und seine Gefühle, aber auch seine Werte und Träume, Pläne und Vorstellungen weiterzugeben. Angefangen bei den Höhlenmalereien der Steinzeit bis hin zum heutigen digitalen Zeitalter mit all seinen sozialen Netzwerken, in dem wir so viele Ausdrucksmöglichkeiten haben wie niemals zuvor in unserer Geschichte.

Die Literatur der verschiedenen Epochen ist ein wahres Schatzkästchen, um mehr über uns selbst zu erfahren, denn sie ist ein Spiegel der jeweiligen Werte der Menschen. Ganz gleich, ob der Autor es beabsichtigt hat oder nicht, schleichen sich immer die Wertvorstellungen und Vorurteile einer Kultur in zeitgenössische Werke. Und sie zeigen uns auch ziemlich deutlich ihre Macken auf. Gute Literatur zeichnet sich dadurch aus, dass ihre Handlungsträger – einstmals Helden genannt, heute spricht man eher von Protagonisten – so fein gezeichnet sind, dass sie uns wie echte Menschen erscheinen. Echte Menschen, die man auch auf die Couch legen kann, um sie zu analysieren und sich näher mit ihren Macken zu befassen. Und dabei kann man sich gut der Frage annähern, welche Macken universell menschlich und welche ihrer Zeit geschuldet sind. Interessanterweise kann man aber auch Fortschritte und Rückschritte in der Menschheitsgeschichte anhand ihrer jeweiligen Erzählkultur erkennen. Und was wäre gewesen, wenn tragisch-gescheiterte Helden der Vergangenheit rechtzeitig einen Psychiater aufgesucht hätten? Hätte man die Eltern von Ödipus mit einer Erziehungsberatung vor dem Schlimmsten bewahren können? Wie sehr ist Romeo und Julias Schicksal eigentlich der Tatsache geschuldet, dass sie beide Teenager waren? Und hätte ein zwangloser Umgang mit Sexualität Goethes Werther vom Selbstmord abgehalten?

In diesem Buch nehmen sich eine Literaturwissenschaftlerin und eine Psychiaterin gemeinsam einer Auswahl von berühmten fiktiven Figuren der Literatur an, um sie auf humorvolle Weise zu analysieren, auf die Couch zu legen und das Spielchen – was wäre, wenn sie rechtzeitig zum Psychiater gegangen wären – durchzuexerzieren. Hätte es überhaupt etwas geändert? Lag es in den Charakteren selbst oder doch eher in ihrer Umwelt?

Wenn Sie ein Literaturfreund sind und zugleich Spaß an der Psychologie haben, folgen Sie uns auf eine amüsante Reise durch die Weltgeschichte der Literatur, und schauen Sie uns bei dem Frevel zu, den Geisteszustand berühmter Romanfiguren zu überprüfen ...

EINFÜHRUNG –
Haben sich die Menschen wirklich jemals verändert?

Oft stellen wir uns die Menschen aus anderen Zeiten als fremdartige Wesen vor, deren Taten und Beweggründe wir kaum nachvollziehen können. Sie schienen entweder damit beschäftigt gewesen zu sein, Kriege zu führen, Monumente zu errichten und fremdartigen Göttern zu huldigen, oder sie starben in Kriegen, schufteten sich beim Errichten der Monumente anderer zu Tode und wurden aus religiösen Gründen auf schreckliche Weise umgebracht. Dass auch sie ein ganz alltägliches Leben hatten und genau wie wir über Witze lachten, weil sie sie einfach nur lustig fanden, oder ganz banale Probleme hatten, die nichts mit der historischen Weltgeschichte zu tun hatten, ist oftmals schwer vorstellbar.

Das rührt daher, dass sich die Geschichtsschreibung lange Zeit ausschließlich auf die Herrscher und religiösen Anführer beschränkte und sich nur selten fragte, was der einfache Mann eigentlich so getan hat. Wenn man sich jedoch nur die Politiker und andere Führungspersönlichkeiten ansieht, dann müssen einem die Menschen zwangsläufig ein wenig seltsam vorkommen. Das ist noch heute so, und wir Menschen neigen leider viel zu häufig dazu, ganze Völker mit ihrer politischen Führung zu identifizieren.

Tatsächlich waren die Menschen früher auch einfach nur Menschen. Natürlich gibt es einige kulturelle Unterschiede, und mit der Bedienung eines Smartphones wären sie definitiv überfordert gewesen – aber wenn wir ehrlich sind, sind das auch heutzutage viele Leute –, doch als normale Menschen hatten sie schon immer ganz gewöhnliche menschliche Probleme und Bedürfnisse. Dabei legten sie Verhaltensweisen an den Tag, die einem sehr modern vorkommen. So findet man beispielsweise an den Wänden vieler altägyptischer Gräber Graffiti aus griechischer und römischer Zeit, die solch überaus wichtige Botschaften wie «Lucius war hier» vermitteln. Selbst die Wände öffentlicher Toiletten wurden schon immer gerne bekritzelt, wie man in den Ruinen von Pompeji feststellte.

Auch die Reaktionen auf neue Erfindungen waren schon immer dieselben. So hat der Buchdruck ganz ohne Zweifel dazu beigetragen, die Jugend der frühen Neuzeit zu verderben, wenn man zeitgenössischen Quellen glauben darf. Angefangen bei einem gewissen Martin Luther, der, den Klagen seiner Gegner zufolge, nicht einmal mehr die Bibel und zugehörige Schriften ausreichend auswendig konnte. Stattdessen brachte er zu Streitgesprächen stets eine kleine Sammlung Bücher mit, in denen er bei Bedarf Stellen nachschlagen konnte. Unmöglich! Diese Jugend von heute kann sich auch wirklich gar nichts mehr merken. Wo soll das bloß noch hinführen? Passend dazu lesen sich einige der Flugblätter aus dem Zeitalter der Reformation wie eine heutige Facebook-Diskussion samt unflätiger Beleidigungen und ausgesprochen kreativer Wege, das jeweilige Gegenüber als dumm zu bezeichnen.

Da überrascht es nicht, dass sich auch die Helden in der Literatur über die Jahrhunderte schon immer mit denselben normal-menschlichen Problemen herumgeschlagen haben und dass auch jahrtausendealte Texte heute noch relevant sein können. Genau das macht es möglich, moderne psychologische Ansätze auf alte Werke anzuwenden.

In diesem Buch werden wir uns nicht nur damit beschäftigen, welche besonderen Macken die Menschen in jeder Epoche hatten, sondern wir werden uns auch den allgemeinen, alle Zeiten überdauernden Problemen der Menschen widmen und überprüfen, ob man sie früher besser oder schlechter als heute bewältigte.

ERSTE
ETAPPE DER
WELTLITERATUR:
DIE ANTIKE

Wenn man von der Antike redet, meint man vor allem die griechische und römische Kultur des Altertums. Beide hatten die Angewohnheit, sich überall zu verbreiten, egal, ob sie willkommen waren oder nicht. Vor allem im alten Griechenland wurden viele Konzepte entwickelt, die noch immer Grundstein unserer heutigen Weltsicht sind. Nicht nur steht die Dichte eines Objekts eng im Zusammenhang mit einem Kerl namens Archimedes, der vor ein paar tausend Jahren im alten Griechenland ein Bad genommen hat. Auch viele andere Wissenschaften haben griechische Wurzeln. Wir mögen seitdem einiges dazuerfunden haben, aber wenn man tief genug gräbt, findet man irgendwo im Fundament immer einen alten Griechen. So ist auch Aristoteles' *Poetik* bis in die Gegenwart relevant, die griechischen Dramen und Sagen inspirieren weiterhin neue Werke (unter anderem den Jugendbuch-Erfolg *Percy Jackson*), und Homers *Ilias* wurde 2004 zuletzt verfilmt. Es liegt also auf der Hand, dass wir in den Werken dieser Zeit immer noch einiges finden, mit dem man sich auch heute noch identifizieren kann.

KÖNIG ÖDIPUS –
Warum der dependente
Persönlichkeitstypus
eine ganze Familie in den
Abgrund führen kann

Griechische Dramen entstanden nicht etwa zur Erheiterung des Volkes, sondern im Zuge des Dionysus-Kultes in Athen. Während der Großen Dionysien, eines mehrtägigen Festes zu Ehren des Gottes, wurde 534 v. Chr. die erste griechische Tragödie aufgeführt. Verfasst wurde sie von dem Dichter Thespis, auf den sich Schauspieler immer noch gerne berufen, wenn sie sich wichtigmachen wollen, indem sie sich Thespis-Jünger nennen.

Die Tragödien behandelten fast immer Themen aus den griechischen Sagen, und ihr Ziel war, den Zuschauer Rührung und Schrecken durchleben zu lassen, um ihn von diesen Gefühlen zu reinigen. Ein bisschen so, wie manch einer heutzutage nach einer hässlichen Scheidung mit einem Becher Eiscreme über einen tragischen Liebesfilm weint, in der Hoffnung, dass es ihm danach besser geht. Nun, natürlich nicht exakt so, aber die Stücke waren darauf ausgelegt, beim Publikum eine starke emotionale Reaktion hervorzurufen.

Zu diesem Zweck brachten die griechischen Dichter ihre Helden oft in eine Situation, in der sie dazu verdammt waren, sich schuldig zu machen, egal, was sie taten. Im Gegenteil, je mehr sie versuchten, dieser Situation zu entkommen, desto schlimmer wurde es. Das Ganze mündete schließlich in der in unseren Sprachgebrauch eingeflossenen Katastrophe, an der der Held sowohl seelisch als auch körperlich zerbricht.

Sophokles' *König Ödipus* ist das beste Beispiel dafür. Sein Name dürfte jedem vom Ödipus-Komplex her geläufig sein, mit dem Freud es bezeichnete, wenn ein Junge seine Mutter begehrte. Allerdings tut diese eher zweifelhafte Berühmtheit Ödipus unrecht. Die ganze Geschichte ging nämlich so:

Eine Geschichte von elterlichem Versagen und sich selbst erfüllenden Prophezeiungen

Ödipus' leibliche Eltern waren der König Laios von Theben und dessen Gemahlin Iokaste. Laios war seinerseits als der Ziehsohn des Königs Pelops aufgewachsen und hatte sich in dessen leiblichen Sohn Chryssippos verliebt. Er tat das, was man im alten Griechenland offenbar immer tat, wenn man sich in jemanden verguckte: Er entführte Chryssippos nach Theben. Pelops verfluchte ihn daraufhin: Sollte er je einen Sohn zeugen, solle dieser ihn töten und seine eigene Mutter heiraten.

Als Iokaste dann tatsächlich einen Sohn gebar, warnte das Orakel von Delphi Laios vor diesem Fluch. In Absprache mit Iokaste und in einem beispiellosen Anfall von Feigheit und elterlichem Versagen durchstach Laios seinem Sohn daraufhin die Füße, band sie zusammen und schickte jemanden mit dem Säugling los, um ihn auszusetzen. Es ist nicht überliefert, warum Laios Angst hatte, ein Säugling könne ohne diese Maßnahmen eventuell aus eigener Kraft weglaufen. Da ihm außerdem jedoch nicht in den Sinn gekommen ist, dass eine liebevolle Erziehung eventuelle Mordgedanken seitens seines Sohnes gar nicht erst aufkommen lassen könnte, ist davon auszugehen, dass er nicht der Hellste war.

Der Mann, der das Kind aussetzen sollte, hatte Mitleid mit ihm und brachte es stattdessen nach Korinth, wo es von König Polybos und seiner Gemahlin Merope adoptiert wurde. Sie gaben ihm den Namen Ödipus.

Ohne von seiner Herkunft zu wissen, wuchs Ödipus in Korinth auf. Und damit hätte alles so schön enden können, aber bekanntlich kommen Geheimnisse und vergangene Fehler immer irgendwann zurück, um einen in den Hintern zu beißen.

Als ein Betrunkener auf einem Fest Andeutungen macht, er sei nicht der leibliche Sohn seiner Eltern, konfrontiert Ödipus Polybos und Merope mit dieser Behauptung, ohne jedoch zufriedenstellende Antworten zu bekommen. Daraufhin wendet er sich genau wie sein Vater an das Orakel von Delphi. Dieses sagt ihm, wie schon Laios zuvor, dass Ödipus seinen Vater töten und seine Mutter heiraten werde.

Nun ist es so, dass Orakelsprüche normalerweise dann schon schwierig zu interpretieren sind, wenn man im Besitz aller relevanten Informationen ist. Ödipus ist das jedoch nicht. Er geht immer noch davon aus, dass Polybos und Merope seine Eltern sind. Er denkt, das Orakel habe ihm gesagt, er werde Polybos töten und Merope heiraten. Anstatt darüber nachzudenken, dass es äußerst schwer ist, aus Versehen jemanden umzubringen, den man nicht umbringen will, und noch einmal schwerer, aus Versehen jemanden zu heiraten, den man nicht heiraten will – eine Überlegung, die vielleicht dazu geführt hätte, dass Ödipus sich noch mal auf die Andeutungen des Betrunkenen zurückbesonnen hätte –, bricht er in die Ferne auf und führt damit die Tradition seines leiblichen Vaters fort, auf Orakelsprüche mit nur halbdurchdachten Kurzschlussentscheidungen zu reagieren.

Das Publikum kann sich natürlich denken, wo der Fehler in dieser Überlegung liegt, und ist dazu gezwungen, tatenlos zuzusehen, wie das Unheil unvermeidlich naht. Als Aristoteles seine *Poetik* verfasste, hat er bei den Gefühlen, die eine Tragödie im Zuschauer auslöst, eindeutig den maßlosen Frust vergessen, den es bedeutet, einem Charakter «Nein, tu es nicht!» zurufen zu wollen, während man nichts daran ändern kann, dass er in sein eigenes Verderben rennt.

An einer Weggabelung im Gebirge trifft Ödipus auf einen Wagen und gerät in einen heftigen Streit mit dessen Fahrer, der ihn seiner Meinung nach zu arrogant behandelt. Schließlich artet dieser Zusammenstoß so weit aus, dass er den Fahrer des Wagens tötet – ohne zu wissen, dass es sich dabei um seinen leiblichen Vater Laios handelt. Damit ist der erste Teil des Orakelspruchs erfüllt.

Vor den Toren Thebens begegnet Ödipus einer Sphinx, die jeden Reisenden frisst, der ihr Rätsel nicht lösen kann. Bisher ist es noch niemandem gelungen, dieses Rätsel zu knacken. Wie Laios, der anzunehmenderweise vor seiner Begegnung mit Ödipus aus Theben gekommen ist, an der Sphinx vorbeigelangen konnte, wird für immer das Geheimnis des Autors bleiben. Aber das tut hier auch wenig zur Sache. Ödipus löst das Rätsel auf jeden Fall, und die Sphinx stürzt sich daraufhin von einem Felsen. Mit ihrem Selbstwertgefühl war es offensichtlich nicht weit her. Dafür, dass er die Stadt von diesem Monster befreit hat, macht man Ödipus zum neuen König von Theben und er erhält Iokaste zur Frau. Damit heiratet er seine leibliche Mutter und erfüllt den zweiten Teil des Orakelspruchs. Aber es kommt noch schlimmer!

Jahre später hat Ödipus mit seiner Mutter vier Kinder gezeugt und ist genau genommen recht glücklich in seiner Unwissenheit. Aber in Theben wütet eine Seuche, gegen die kein Mittel hilft. Schon wieder fragt man das Orakel um Rat – eine Angewohnheit, die die gesamte Familie vielleicht besser nie begonnen hätte. Dieses sagt, die Seuche habe ihre Ursache darin, dass der Tod von Laios nie gerächt wurde.

Ödipus, der nie herausgefunden hat, dass der Mann, den er an der Wegkreuzung getötet hat, Laios war, strengt Ermittlungen an und schlägt damit einen weiteren Nagel in seinen eigenen Sarg.

Nach und nach kommt die Wahrheit ans Licht. Als Iokaste klarwird, dass sich der Jahre zurückliegende erste Orakelspruch längst erfüllt hat, erhängt sie sich. Ödipus sticht sich kurz darauf mit ihren Haarspangen die Augen aus. Die Katastrophe ist perfekt.

In der Geschichte von Ödipus geht es also nicht darum, dass er seine Mutter unbedingt heiraten wollte, wie der nach ihm benannte Komplex vermuten lässt. Stattdessen sollte damit aufgezeigt werden, dass man seinem Schicksal nicht entkommen kann, egal, wie sehr man es versucht. Ödipus und seine Familie haben versucht, sich gegen das Schicksal aufzulehnen, und das hat überhaupt erst dazu geführt, dass alles so gekommen ist, wie es vorhergesagt wurde.

Was man daraus außerdem lernt, ist, dass die griechischen Götter einen echt üblen Humor hatten und es nicht leiden konnten, wenn man meinte, schlauer zu sein als sie.

Ödipus und seine Familie aus psychiatrischer Sicht

Ödipus – der belogene Sohn

Im Gegensatz zur landläufigen Meinung hatte Ödipus somit nichts mit dem nach ihm benannten Komplex zu tun. Im Gegenteil, wenn wir uns die frühe Kindheit von Ödipus ansehen, wird deutlich, wie elterliches Versagen die Grundlage für die spätere Tragödie legte. Beginnen wir zunächst bei Ödipus selbst. Der Junge wird als Säugling nicht nur sofort seiner Mutter entrissen, sondern auch noch körperlich misshandelt und zum Sterben ausgesetzt. Die ersten frühen Bindungserfahrungen durch eine liebende Mutter wurden ihm somit verwehrt, wenngleich er allem Unglück zum Trotz in Polybos und Merope liebevolle Ersatzeltern fand. Aber dennoch lief auch in dieser Beziehung etwas gründlich schief – seine Adoptiveltern hüteten Geheimnisse vor ihm. Anstatt mit ihm einen offenen Dialog zu führen und ihm die Wahrheit über seine Herkunft zu offenbaren, schwiegen seine Adoptiveltern. Ein häufiges Phänomen, das man auch heute noch in der Kindererziehung beobachtet – unangenehme Themen werden ausgeblendet, in der Annahme,

Diskussionen könnten nur Ärger machen und wenn man schweigt, bliebe hoffentlich alles so, wie es ist. Wenn man es genauer betrachtet, zieht sich dieses Verhalten bis heute nicht nur durch die Kindererziehung, sondern sogar bis in die Spitzenpolitik, die man vermutlich deshalb öfter mal mit einem Kindergarten vergleicht.

Im Fall von Ödipus bildet sich eindrücklich ab, wie sehr das Verschweigen eines Familiengeheimnisses und alter Traumata zu Gegenregulationen der Betroffenen führen kann, die die Situation nur noch schlimmer machen. Möglicherweise verschwiegen Polybos und Merope ihrem Sohn, dass er adoptiert war, um ihn nicht zu verlieren – aber gerade dadurch, dass er sie für seine leiblichen Eltern hielt, verließ er sie. Und durch die mangelnde Gesprächskultur in der Familie fehlte ihm auch das Vertrauen, mit seinen Eltern vernünftig zu reden und seine Sorgen zu benennen. Seine Angst davor, den Vater zu töten und die Mutter zu heiraten, war wohl zu groß. In diesem einen Punkt kann man nun überlegen, ob an dieser Stelle der Erzählung tatsächlich der von Sigmund Freud etablierte Ödipus-Komplex schon eine Rolle spielte. Begehrte Ödipus tatsächlich seine Adoptivmutter Merope und erlebte den Vater als Rivalen? Brachte ihn der noch ungelöste Ödipus-Komplex dazu, seine Eltern lieber zu verlassen, anstatt sich dem zu stellen? Leider bleibt der Autor hier im Ungenauen, sodass die Datenlage für eine genauere Analyse nicht ausreicht.

Das nächste Defizit in der Erziehung des Ödipus zeigt sich, als er seinem leiblichen Vater begegnet. Er gerät mit ihm in Streit, aber da er in einer sprachlosen Familie aufgewachsen ist, in der anscheinend nicht nur Familiengeheimnisse verschwiegen wurden, sondern auch keine klassische Schule des Disputs und Argumentierens geführt und vielmehr der Kampfgeist gefördert wurde, löst Ödipus den Streit nicht diplomatisch, sondern mit Gewalt – und tötet den Widersacher. Auch hier sehen wir wieder die Versäumnisse der Kindheit – Ödipus, der selbst in frühester Kindheit Ablehnung und Gewalt erfahren hat statt Liebe und Fürsorge und später unter dem Mantel des Verschweigens aufwuchs, hat niemals am Vorbild seiner Adoptiveltern (und erst recht nicht seiner leiblichen Eltern) erfahren dürfen, wie es ist, einen Konflikt rational und gewaltlos zu lösen. An dieser Stelle finden sich auch deutliche Hinweise auf ein Empathiedefizit, möglicherweise sogar ein Hang zur Psychopathie, der schon von der väterlichen Seite vererbt worden sein kann, denn hier treffen zwei Charaktere aufeinander, die beide nicht nachgeben und Konflikte mit Gewalt lösen. Dass es sich um eine rein emotionale Schwäche handelt und kein intellektuelles Defizit, zeigt sich daran, dass Ödipus durchaus in der Lage ist, das Rätsel der Sphinx zu lösen, und dabei sogar auf sehr abstraktes Denken zurückgreift. Andererseits zeigt sich der Hang zur Psychopathie später in seiner Gier nach Macht und Ruhm – warum sonst sollte ein junger Mann eine deutlich ältere Frau, die seine Mutter sein könnte (und dies zufälligerweise sogar ist), heiraten, um König zu werden? Da Ödipus das Konstrukt der Liebe nicht kennt, aber andererseits eine günstige Gelegenheit zur beruflichen Verbesserung nicht ausschlagen möchte, geht er den Weg des geringsten Widerstandes. Als sein Konstrukt zusammenbricht, ist er zu schwach, sich den Konsequenzen zu stellen – er will das alles nicht länger mitansehen und sticht sich die Augen aus. Man fragt sich, warum er sich darauf beschränkt, sich die Augen auszustechen, und sich nicht gleich ganz umbringt, möglicherweise muss man diesen Akt aus psychodynamischer Sicht so werten, dass er «sehenden Auges» in sein Verderben gerannt ist und nur den schuldigen Körperteil entfernt, um dann vielleicht doch noch was vom Leben zu haben, denn die schönsten Erlebnisse mit seiner Mutter hatte er wohl im Dunkeln ...

Laios – der verantwortungslose Vater

Laios ist eine besonders tragische Figur, wenn man berücksichtigt, dass er – obgleich die Griechen ein sexuell freizügiges Volk waren, das homosexuelle Lebenspartnerschaften schon früh anerkannte und in Heldenepen besang – keine vernünftige Beziehung zu seinem Geliebten Chryssippos aufbauen konnte, sondern zum Mittel der Entführung greifen musste, was ihm den tragischen Fluch einhandelte. An diesem Punkt stellt sich die Frage, warum Laios, der doch eigentlich eine Beziehung zu Chryssippos wollte, Iokaste heiratete. Wenn man den Gedanken weiterverfolgt, könnte man den Fluch des Pelops auch anders interpretieren. Möglicherweise wollte Pelops seinen Sohn Chryssippos damit nur schützen, weil er den windigen Charakter von Laios längst durchschaut hatte – Laios, der sich immer alles nahm, ohne Rücksicht auf Konsequenzen.

Wollte Pelops verhindern, dass Laios eine Frau heiratete und Chryssippos dann verließ? Oder war es wirklich nur der heiße Zorn des Vaters, der sich um den Sohn betrogen fühlte? Aufgrund der dürftigen Quellenlage werden wir die wahren Hintergründe wohl nie mit letzter Sicherheit erfahren. Fakt ist, dass Laios auch als Ehemann und Vater keine überzeugende Figur machte. Verantwortung zu übernehmen hatte er nie gelernt. Sobald das Lustprinzip versagte, suchte er Rat bei anderen Instanzen – in diesem Fall beim Orakel. Hier offenbaren sich neben den dissozialen Charakterzügen des Laios, die sich aus seiner Vorliebe für Regelbrüche und Entführungen schon früh erkennen lassen, auch dependente, also abhängige Persönlichkeitszüge. Er will keine Verantwortung tragen und lieber weitere Regeln brechen, anstatt sich seiner Verantwortung zu stellen.

Dabei versagt er auf kompletter Linie und zeigt, wohin Entscheidungsunfähigkeit führt. Er hatte nach der Geburt seines Sohnes drei Möglichkeiten: Die reifste hätte darin bestanden, Verantwortung zu übernehmen. Wenn es diesen Orakelspruch schon gibt, kann man ihn auch interpretieren. Hätte er seinem Sohn eine liebevolle Erziehung gewährt, sodass dieser Sohn seine Eltern aufrichtig liebte, hätte es nur zwei Möglichkeiten gegeben, warum sein Sohn ihn hätte töten können – entweder durch einen Unfall oder aufgrund einer schweren Krankheit als Akt der Erlösung und Gnade. Ein echter Mord wäre allerdings nahezu ausgeschlossen. Die Heirat mit der Mutter hätte dann allenfalls als Pro-forma-Modell angestanden, um die Witwe zu versorgen – derartige Modelle lebten bereits die alten Ägypter vor. Allerdings fehlte Laios der Mut, die Verantwortung für ein derartiges Modell zu übernehmen.

Die zweite Möglichkeit wäre die gewesen, dass Laios seine dissozialen Züge komplett ausgespielt hätte. Er hätte sich dann selbst die Hände schmutzig machen und Ödipus töten müssen. Dazu fehlte ihm der Mut. Eine andere Alternative hatte er dabei gar nicht bedacht – er hätte auch Iokaste töten können. Wenn Ödipus keine Mutter mehr zum Heiraten hätte, wäre damit das ganze Orakel ausgehebelt. Dazu fehlte Laios jedoch nicht nur der Mut, sondern vermutlich auch die Phantasie.

Er wählte stattdessen die dritte Möglichkeit, getreu dem Motto: «Wasch mich, aber mach mich nicht nass.» Eine halbe Lösung, die bekanntlich immer die schlechteste ist. Anstatt Verantwortung zu übernehmen, gab er anderen das Heft in die Hand, um sich selbst rein zu halten. Und da er sein Wesen während all der Jahre nicht änderte, sondern ein dissozialer und zugleich verantwortungsloser Charakter mit Entscheidungsschwäche blieb, erklärt es sich auch, warum er im späteren Konflikt mit seinem unbekannten Sohn den Kürzeren zog und nicht ausgleichend und mäßigend auf ihn einwirken konnte. Er hätte lieber bei seiner ursprünglichen Neigung zu Chryssippos bleiben sollen, zumal die Homosexualität damals durchaus legitim war und er nach diesem Goldenen Zeitalter weitere zwei Jahrtausende auf die Ehe für alle hätte warten müssen.

Iokaste – die kindliche Mutter

Iokaste ist zu Beginn der Geschichte ebenso Opfer wie Ödipus, denn man muss ihr zugutehalten, dass sie bei Ödipus' Geburt vermutlich erst dreizehn oder höchstens vierzehn Jahre alt war. Möglicherweise war das pubertierende Mädchen in der frühen Mutterrolle überfordert und ganz dankbar, dass Laios ihr die Entscheidung abnahm. Vielleicht hielt sie auch lieber den Mund, damit Laios nicht doch noch auf die Lösungsmöglichkeit «eine tote Mutter kann nicht geheiratet werden» kam.

Wir können davon ausgehen, dass die Ehe mit Laios für Iokaste nicht lustig war – aber das war sie für Frauen im antiken Griechenland ohnehin nur in den seltensten Fällen. Vermutlich empfand Iokaste Laios' Tod als Erlösung und war deshalb auch sofort bereit, einen attraktiven jungen Mann an seiner Stelle zu heiraten und mit ihm mehrere Kinder zu haben. Iokaste war damals wohl Ende zwanzig und somit in dem Alter, da die weibliche Libido voll erwacht ist. Der junge, unverbrauchte Ödipus konnte ihre Bedürfnisse also in jeder Hinsicht erfüllen und tat dies wohl auch regelmäßig, wie ihre wachsende Kinderzahl bestätigt.

Die entscheidende Frage ist, weshalb Iokaste sich wirklich erhängte, als sie von der Wahrheit erfuhr. War es die Scham, einem «Motherfucker» aufgesessen zu sein? Oder zerbrach vielmehr ihr Selbstbild als begehrenswerte junge Frau, da sie nun zugleich auch noch die Mutter ihrer eigenen Enkelkinder war? Iokastes Weltbild war so tief erschüttert, dass sie keine Möglichkeit mehr sah, die Scherben irgendwie zu kitten. Dabei hätte es Lösungsmöglichkeiten gegeben. Der Orakelspruch, der besagte, was wegen der Seuche in Theben zu unternehmen sei, erwähnt nie irgendeine Art von Strafe für Iokaste. Darin heißt es nur, dass der Mörder von Laios gefunden und bestraft werden muss. Möglicherweise wäre die Erkenntnis, mit der eigenen Mutter verheiratet zu sein, schon Strafe genug für Ödipus gewesen. Iokaste hätte für ihre Verfehlungen offiziell Buße tun und die Ehe annullieren, aber weiterhin für ihre Kinder da sein können.

Stattdessen wählte sie den Weg der Flucht und ließ ihren Sohn Ödipus ein zweites Mal im Stich – im wahrsten Sinne des Wortes, da der sich dann ja bekanntermaßen die Augen ausstach, um das Unglück nicht mehr mit ansehen zu müssen.

Die familiendynamisch korrekte Lösung

Was wäre gewesen, wenn in dieser Geschichte alle Beteiligten wie erwachsene Menschen gehandelt hätten? Nun, die Geschichte wäre bereits am Anfang ganz anders verlaufen, da Laios zu seiner Bisexualität gestanden hätte und mit Chryssippos eine reife Beziehung eingegangen wäre. Falls es wider Erwarten dennoch zu dem Fluch gekommen wäre, hätte ein reifer Laios nach Wegen gesucht, den Spruch des Orakels auf sozialverträgliche Weise zu erfüllen. Er hätte seinen Sohn liebevoll aufgezogen und sich von ihm versprechen lassen, dass der ihm – sollte er mal schwer krank werden – Sterbehilfe gewährt und sich anschließend um die Mama kümmert – und sei es durch den Pro-forma-Stand einer Ehefrau, der aber nicht vollzogen werden muss. Folgende Lehre lässt sich aus den griechischen Sagen ziehen: Man kann seinem Schicksal nicht davonlaufen, aber man kann es selbst gestalten. Wenn Prophezeiungen dazu neigen, sich selbst zu erfüllen, so haben wir dennoch die Möglichkeit, die Art, wie sie sich erfüllen, zu beeinflussen. Wir sind keine Opfer der Umstände, wenn wir bereit sind, die Verantwortung für unser Handeln zu tragen.

ZWEITE ETAPPE DER WELTLITERATUR:
DAS MITTELALTER

Inzwischen hat man herausgefunden, dass das Mittelalter nicht ganz so düster war, wie man lange dachte, aber ein Quell der Innovationen und neuen Gedankenguts war Europa in dieser Zeit dennoch nicht. Dafür hatte die katholische Kirche alles zu sehr in ihrem Griff. Viele der philosophischen und wissenschaftlichen Schriften aus der Antike sind heute auch nur deshalb noch erhalten, weil sie im Nahen Osten in den Ländern aufbewahrt und kopiert wurden, die nicht christlich, sondern islamisch waren.

Das Christentum brachte außerdem ein sehr zwiespältiges Verhältnis zu Frauen und der Sexualität mit sich. Leute mit genug Bildung und Zeit, um lesen und schreiben zu können, waren oft Mönche, die bekanntlicherweise im Zölibat lebten. Sex und Frauen, die immer eine Versuchung darstellten, waren für sie ein Tabu. Dass nichts Vernünftiges dabei herauskommen kann, wenn Leute ihre Meinung zu Themen kundtun, mit denen sie keine direkte Erfahrung haben, hätte eigentlich jeder wissen müssen. Dennoch hörte man gerne auf Leute wie Thomas von Aquin, die Frauen als minderwertige Geschöpfe ansahen, die die Lehren des Teufels verbreiteten, wenn man sie nur ließe.

Aber auch den Männern tat dieses Weltbild nicht gut, stellte man doch recht hohe Ansprüche in Sachen Heldenmut und Ritterlichkeit an sie, die schwer zu erfüllen waren. Aber immerhin, wenn sie in dieser Hinsicht versagten, blieb ihnen immer noch die Möglichkeit, den Frauen dafür die Schuld zu geben.

KÖNIG ARTUS,

oder:
Wie Frauen alles
ruinieren

Mythen und Sagen sind oft gemeinschaftlich erzählte Geschichten. Das heißt, jemand bringt eine Idee auf, anderen Leuten gefällt sie, sie verbreitet sich, und nach und nach fügt man beim Weitererzählen neue Details hinzu. Teilweise mischt man sie auch mit anderen, bereits existierenden Geschichten, lässt Teile weg oder ändert Dinge, je nachdem, was man aussagen möchte oder was einem gefällt.

Die Artussage ist ein sehr gutes Beispiel dafür. Von den darin beschriebenen Ereignissen ausgehend, müsste sie ungefähr im 5. oder 6. Jahrhundert anzusiedeln sein. Allerdings gibt es aus zeitgenössischen Quellen kaum Beweise dafür, dass Artus jemals existiert hat. Erstmals gesichert erwähnt wird er in der *Historia Brittonum*, die um 840 entstanden ist, und dort ist er noch ein Heerführer, kein König.

Ausführlich behandelt wird er schließlich in der *Historia Regum Britanniae* aus dem 12. Jahrhundert. Und damit begann der Artusmythos seinen Siegeszug durch Europa. Manch einen faszinierte die Geschichte so sehr, dass sie in Fresken und Mosaiken in verschiedenen Kirchen verewigt wurde. In Danzig gibt es sogar den im 15. Jahrhundert zu seinen Ehren erbauten Artushof. Dichter und Schriftsteller griffen den Stoff ebenfalls auf oder erzählten die Geschichten einzelner Ritter der Tafelrunde weiter.

Um es kurz mit modernen Begriffen zu sagen: König Artus war mehrere Jahrhunderte lang ein absoluter Hit und regte viele Leute dazu an, Fanart und Fanfiction zu produzieren, wobei man sich nicht immer sonderlich streng an den Kanon des Ursprungswerkes hielt. Einige der berühmtesten Ergänzungen aus späteren Zeiten waren zum Beispiel ein ungewöhnlich geformtes Möbelstück (die Tafelrunde) und ein notdürftiger christlicher Anstrich, den man dem von keltischer Mythologie strotzenden Werk nachträglich verpasst hat – beispielsweise in Form der Suche nach dem Heiligen Gral. Beides ist im Grunde auch nicht mehr oder weniger Teil der ursprünglichen Artussage als Monty Pythons Killerkaninchen. Auch der Film *Die Ritter der Kokosnuss* ist einfach nur eine weitere Version derselben Legende, ebenso wie Marion Zimmer-Bradleys *Die Nebel von Avalon*. Man kann also sagen, die Artussage ist ein Stoff, der sich immer noch in seiner Entwicklung befindet. Er erhält stetig weitere Ergänzungen, die jeweils einen Spiegel ihrer Zeit darstellen.

Dramaqueen Merlin
und das Schwert im Stein

Da die Geschichte von Artus so oft verändert und weitergesponnen wurde, gibt es nicht eine richtige Version, auf die man sich beziehen könnte. Aber im Großen und Ganzen lässt sie sich grob in drei Einzelgeschichten aufteilen, die in den vielen Versionen enthalten sind. Die erste davon ist die mit dem Schwert im Stein.

Als Artus' Vater gilt gemeinhin Uther Pendragon, der mit Hilfe seines magischen Beraters Merlin gegen die Angelsachsen kämpfte. Er begehrte Igraine, die Frau eines Feindes, und Merlin half ihm, diese in Gestalt ihres Ehemannes zu besuchen und mit ihr zu schlafen, wobei Artus gezeugt wurde. Kurz darauf stirbt Igraines Ehemann, und Uther nimmt sie in einigen Versionen offiziell zur Frau.

Auffällig an dieser Version ebenso wie an der, in der Artus ganz offiziell ein legitimer Sohn von Uther und Igraine ist, ist die Tatsache, dass Artus trotzdem in kaum einer Fassung der Geschichte von seinen Eltern aufgezogen wird. Stattdessen nimmt Merlin ihn in seine Obhut und bringt ihn bei einem Freund namens Hector oder Ector unter.

Natürlich wird die Frage um die Nachfolge Uthers so deutlich dramatischer, als sie es gewesen wäre, hätte Uther Artus einfach offiziell als seinen Sohn und Nachfolger anerkannt. Auch deutlich weniger dramatisch wäre es gewesen, hätte Merlin nach Uthers Tod einfach verkündet, dass Artus sein Sohn und damit sein Erbe ist. All diese Möglichkeiten waren Merlins Ansicht nach offensichtlich zu langweilig. In einigen Versionen der Geschichte schmiedet er stattdessen selbst das Schwert Excalibur. In anderen stammt dieses von der Herrin vom See. Auf jeden Fall treibt Merlin es in einen Stein oder Amboss und verkündet, wer immer es schafft, das Schwert herauszuziehen, soll der neue rechtmäßige König werden.

Um alldem in Sachen Dramatik noch einen draufzusetzen, ist Artus zu dieser Zeit fünfzehn und Knappe und kommt eigentlich gar nicht auf die Idee, die Prüfung mit dem Schwert selbst auszuprobieren. Etwas, das Merlin auch gewusst haben muss. Nur durch puren Zufall kommt Artus auf der Suche nach einem Schwert für seinen Herrn an dem Stein vorbei und zieht Excalibur heraus. Und wird damit der neue König. Merlin hat sich anschließend sicher selbst auf die Schulter geklopft, all das so gut inszeniert zu haben.

Die Tafelrunde und ritterliche Bromance

Entgegen Merlins Rat heiratet Artus Guinevere, die nicht nur von Merlin vorausgeahntes, drohendes Unheil in die Ehe mitbringt, sondern auch einen großen runden Tisch. Diese Tafel wird nun der Mittelpunkt von Treffen zwischen Artus und den Rittern, die er um sich schart. Mit Hilfe dieser Ritter bekämpfte Artus wie schon sein Vater zuvor die Angelsachsen, aber man stellte sich auch allen möglichen mythologischen Ungeheuern und Questen wie zum Beispiel der Suche nach dem Heiligen Gral.

Je mehr diese Geschichten über die Jahrhunderte forterzählt werden, desto mehr werden Artus und seine Ritter dabei zu Sinnbildern der Ritterlichkeit. Nicht nur sind sie stets unerschrocken und natürlich hervorragende Kämpfer, sie sind zudem immer höflich, verhalten sich stets ehrenhaft und sind in Sachen Minne (Liebe) bewandert. Sie alle führen eine wunderbare Männerfreundschaft, und der runde Tisch sorgt dafür, dass sie alle untereinander gleich sind. Kurz gesagt, nach außen hin wirken sie übermenschlich perfekt. Was immer ein gutes Zeichen dafür ist, dass im Kern irgendetwas fault.

Einer der bekanntesten Ritter der Tafelrunde ist sicherlich Sir Lancelot. Einigen Legenden nach ist er bei der Herrin vom See aufgewachsen und wurde von ihr schließlich zu Artus' Tafelrunde geschickt. Bei seiner Ankunft an Artus' Hof verliebt er sich direkt in Guinevere. Eines seiner ersten Abenteuer als Ritter der Tafelrunde besteht darin, sie in Artus' Auftrag vor dessen Feind Meleagant zu retten, der sie entführt hat. In *Lancelot, le Chevalier de la Charette* von Chrétien de Troyes, einem der ersten Werke, die diese Geschichte erzählen, kommt Artus dabei gar nicht gut weg. Dieser stimmt nämlich zu, dass mehrere seiner Ritter sich mit Meleagant messen sollen, und Guinevere ist dabei dem Gewinner als Preis versprochen. Meleagant gewinnt, und Artus lässt ihn mit Guinevere ziehen. Sir Gaiwan muss einige Überzeugungskraft aufwenden, damit er die Erlaubnis bekommt, Guinevere zu retten. Auf dem Weg zu Guineveres Rettung begegnet er Lancelot, der allerlei Schwierigkeiten und sogar Gefangenschaft auf sich nimmt, um Guinevere zu befreien.

Einige der höfischeren Versionen der Geschichten über Lancelot sprechen davon, dass er Guinevere gegenüber von «hoher Minne» motiviert wird, ihr also eine reine nichtsexuelle Bewunderung entgegenbringt. Die meisten Geschichten sind sich aber einig, dass er und Guinevere fröhlich fremdgegangen sind. Wenn man bedenkt, wie schmählich Guineveres eigener Mann sie im Stich gelassen hat, kann man ihr das allerdings auch nicht verdenken.

Dennoch ist Lancelots Beziehung zu Guinevere einer der

Faktoren, die letztendlich zum Untergang der Tafelrunde beitragen. Nachdem herauskommt, dass Guinevere ihrem König fremdgeht, soll sie deswegen auf dem Scheiterhaufen verbrannt werden. Lancelot rettet sie, erschlägt dabei aber zwei Brüder von Sir Gaiwan, der dafür Rache schwört. So erfüllt sich Merlins Vorahnung, und eine Frau ruiniert so eine großartige Männerfreundschaft.

Morgana le Fay – die zweite Frau, die alles ruiniert

Morgana le Fay war in den früheren Versionen der Legende einfach Artus' magisch begabte Halbschwester, die ihn hin und wieder unterstützte und nach seinem Tod (oder Beinahe-Tod) nach Avalon holte. Mit der Zeit wandelte sich ihre Rolle allerdings. Sie wurde mit Mordred in Verbindung gebracht, der die Sage zu einem Abschluss bringt, indem er König Artus verrät und tötet. Gleichzeitig trat sie dabei in Konkurrenz mit Guinevere, und einige Geschichten stellen sie in einer Inzestbeziehung mit Artus dar, aus der Mordred hervorgegangen ist. Damit macht sie sich auch perfekt als die böse Mutter, die ihre Intrigen spinnt, um ihren Sohn auf den Thron zu bringen. So steht Mordred zwar ein wenig wie ein armes Würstchen und Muttersöhnchen da, das allein nichts auf die Reihe kriegt, doch einer Frau die Schuld an allem Unheil zu geben ist einfach eine langgehegte Tradition.

Mordred ist aber auch bestens dazu in der Lage, ganz ohne Hilfe Chaos zu stiften. Von der Geschichte seines Verrats gibt es natürlich ebenfalls mehrere Versionen. Es beginnt damit, dass Artus aufs Festland übersetzt, entweder um nach Rom zu gelangen oder Krieg in Gallien zu führen. In der Zwischenzeit setzt er Mordred als seinen Statthalter ein. Dieser nutzt die Gelegenheit sofort, um seine Macht auszubauen. Je nach Version führt er zudem auch Krieg gegen Lancelot, um dessen Ehebruch mit Guinevere zu rächen. Teilweise begehrt er sie selbst. Das hat man nun davon, wenn man Geschichten schreibt, in denen höchstens zwei Frauen vorkommen. Alle Männer streiten sich um genau die.

Wie dem auch sei, am Ende erklärt Mordred Artus für tot und ernennt sich selbst zum König. Als Artus schließlich aus Gallien zurückkehrt, treffen er und Mordred bei der Schlacht um Camlann aufeinander. Dort verwundet Mordred Artus im Zweikampf schwer, bevor er selbst von Artus erschlagen wird.

In den Versionen der Legende, in denen Morgana keine böse Hexe ist, kommt sie dann und nimmt Artus nach Avalon mit, wo er genesen soll. Es heißt, wenn England Artus wieder braucht, wird er zurückkehren. Wir können also gespannt sein, ob er sich bald zeigen wird, um den Brexit zu verhindern.

Die Artussage aus psychiatrischer Sicht

Die Artussage lässt sich in vielerlei Hinsicht deuten und analysieren, da sie so inhomogen ist. Bevor wir uns den einzelnen Charakteren zuwenden, erfolgt deshalb zunächst einmal die Deutung der Gesamtkomposition aus dem Blickwinkel der jeweiligen Zeitepoche.

Wie bereits beschrieben, finden sich die Anfänge der Artussage in einer Zeit des Übergangs von der Antike zum frühen Mittelalter. In dieser Zeit stehen männliche Heldentaten im Mittelpunkt, Frauen spielen so gut wie keine Rolle, weil es sich um Geschichten aus der männlichen Lebenswelt von Kampf und Krieg handelt, in der Frauen allenfalls als Heldenmütter wichtig werden. So war es schon in den Sagen der Antike, und hier gibt es auch eine interessante Parallele zwischen Igraine und Uther Pendragon, der sich ihr ähnlich nähert wie der griechische Gott Zeus seinen Auserwählten.

Die Artussage bleibt eine spannende Geschichte, die der Unterhaltung dient. Frauen sind neutral – weder gut noch böse – und kommen lediglich ihren biologischen Rollen im Rahmen der Fortpflanzung nach. Ein paar mystische Frauengestalten wie die Herrin vom See oder Morgana als zauberisch begabte Halbschwester treten auf, bleiben aber in der hilfreich-dienenden weiblichen Rolle.

Im Hochmittelalter kommt dann ein gehöriger Schuss Frauenfeindlichkeit in die Sage. Hierzu muss man wissen, dass im Mittelalter insbesondere von Mönchen (die müssen es ja wissen) die Meinung vertreten wurde, Frauen seien das lüsterne Geschlecht und hätten nichts anderes zu tun, als harmlose Männer zu verführen. Dabei wird natürlich die Projektion deutlich – viele Männer wurden damals nicht aus Überzeugung Mönch, sondern weil es schlichtweg nicht so viele Berufsmöglichkeiten für jemanden gab, der nicht aus einer Ritter- oder Handwerkerfamilie stammte. Für mittellose Männer, die sich nach etwas Bildung sehnten, blieb lediglich das Kloster, aber auch nachgeborene Söhne aus ritterbürtiger Familie wurden oft ins Kloster gesteckt, wenn die Ausbildung zum Ritter der Familie zu teuer erschien oder schlichtweg die entsprechende Begabung zur Rauferei fehlte.

Diese Männer erlebten das Zölibat als Zwang, denn sie hatten selbstverständlich noch Bedürfnisse. Und wenn sie nun eine hübsche Frau sahen, spürten sie dieses Bedürfnis – ganz egal, wie züchtig und harmlos die Frau sich verhalten mochte. Da sie sich aber niemals eingestehen durften, dass sie selbst etwas begehrten, musste die Schuld nach außen projiziert werden – der Abwehrmechanismus der Projektion funktionierte hier ganz hervorragend. Eine Frau ist attraktiv, im Mönch kommt der Urmensch langsam hoch, der ihm zuruft: «Pack das Weibchen!», aber das Über-Ich verbietet es – man ist schließlich zölibatärer Mönch. Also ist die Frau das Übel – allein dadurch, dass sie existiert. Diese Art der Projektion ist übrigens nach wie vor weit auf der Welt verbreitet und äußert sich zum Teil in den strengen Kleidervorschriften für muslimische Frauen, die sich in Ländern wie Saudi-Arabien von Staats wegen verhüllen müssen. Aber auch westliche Länder sind von dieser Denkart nicht völlig frei, wenn beispielsweise bei einer Vergewaltigung der Frau eine Mitschuld gegeben wird, weil sie sich zu freizügig angezogen hätte.

Diese frauenfeindliche Denkweise, die im Mittelalter durch die zwanghafte Hemmung und Unterdrückung der Sexualität von Seiten der Kirche gefördert wurde, bildet sich nun auch in der Artussage ab. Eigentlich war alles in Ordnung – zumindest so lange, bis die Frauen auftauchten und durch ihr verführerisches Auftreten Unruhe brachten.

Dass die Verantwortung bei den Männern selbst liegt, wurde dabei gern unter den Tisch gekehrt. Und in welcher

Form die Verantwortung tatsächlich bei den Männern lag, zeigt die weitere Ausgestaltung ihrer Charaktere, denen wir uns jetzt zuwenden werden.

Merlin – der schwer greifbare Charakter

Wer ist Merlin, der berühmte Zauberer? Über seine familiären Bindungen wissen wir nicht viel. In einigen frühen Sagen wird er sogar direkt als «Kind ohne Vater» bezeichnet, später macht ihn Geoffrey von Monmouth beispielsweise zum Sohn eines Inkubus und einer Nonne.

Allem Anschein nach war er ein asexuelles Wesen, denn eine besondere Leidenschaft für Frauen oder Männer kann man ihm nicht nachweisen. Er blieb im Hintergrund und begnügte sich damit, die Fäden zu ziehen, fast ein wenig schelmisch, wie manche keltischen oder nordischen Gottheiten so waren. Eine verlässliche Elterngestalt ist er nie, auch als Mentor sind seine Fähigkeiten zeitweilig fragwürdig, da er sich niemals klar und deutlich ausdrückt, sondern mit Symbolen und Rätseln arbeitet. Man fragt sich hier, ob er es nicht anders kann oder ob er daraus seine Macht bezieht, sich niemals wirklich festlegen zu müssen. Als jemand, der es vermeidet, sich mit klaren, deutlichen Worten auszudrücken, sondern lieber mit Symbolen oder Andeutungen arbeitet, könnte er zugleich der Prototyp des Leiters eines Untersuchungsausschusses oder Arbeitskreises in der Europäischen Union sein. Vieles klingt weise, aber bei näherer Betrachtung entpuppt es sich als zu kompliziert oder überflüssig.

Artus – der charakterlose Held

Während Merlin schwer greifbar ist, fragt man sich bei Artus selbst, ob er überhaupt einen Charakter hat. Seine Beziehung zu Guinevere ist kompliziert – unklar erscheint, ob es überhaupt irgendwelche Emotionen zwischen den beiden gab oder ob es nur eine politische Zweckehe war, die dann auch noch daran scheiterte, dass sie keine Kinder bekamen, sodass Guinevere nicht einmal die Rolle erfüllen konnte, für die sie als Einzige in einer männerdominierten Welt hätte Anerkennung bekommen können.

Auf der anderen Seite gibt es da Lancelot, der ihr das Gefühl gibt, wichtig zu sein. Etwas, das Artus selbst nicht vermag. Vielmehr bildet sich hier eine ungünstige Dreiecksbeziehung ab, da Lancelot ja zugleich auch Artus' bester Freund und bester Ritter ist. Die Tatsache, dass Lancelot sich in Artus' Ehe drängt, ist für den charakterlich nicht gefestigten Artus bedrohlich. Artus, der nicht bei seinen Eltern aufwachsen durfte und somit bereits als Kind erlebte, wie es ist, wenn man zurückgewiesen wird, hat niemals eine gesunde Mutterbeziehung kennengelernt, ja, Frauen waren für ihn immer etwas Abstraktes, da er von Männern aufgezogen wurde. Sein Versuch, ein normales Eheleben zu führen, scheitert. Aber immerhin weiß er, wie man mit Männern umgeht. Er umgibt sich mit männlichen Helden, die ihn bewundern und als Anführer zelebrieren. Und seine wahre Liebe gehört Lancelot. Diese Freundschaft stabilisiert Artus, gibt ihm das, was er zeitlebens vermisste. Guinevere ist im Prinzip unwichtig, was sich auch daran zeigt, dass er sich nicht selbst darum kümmert, sie zu befreien, als sie entführt wird. Wenn sie weg wäre, wäre das kein Problem für Artus. Kinder hatten sie ja ohnehin nicht, und vielleicht wäre er dann ja auch frei für eine neue Bindung, die ihm einen Nachfolger beschert. Aber dass er seinen besten Freund an Guinevere verliert, das ist das wahre Drama. Deshalb soll Guinevere für den Ehebruch sterben – wenn sie weg ist, wird Lancelot ganz gewiss reumütig zu Artus zurückkehren. Was für ein Pech nur, dass Lancelot seine Wahl trifft und sich für Guinevere und gegen Artus entscheidet.

Aus heutiger Sicht trifft Lancelot natürlich die richtige Entscheidung, wenn er eine Frau aus Todesgefahr rettet und sich kritisch gegen seinen Herrscher stellt – all das schätzen wir heute, aber zu Zeiten der Artussage war das ungeheuerlich. Es wurde blinde Loyalität verlangt, und Lancelot verrät Artus somit doppelt – als Freund ebenso wie als König.

Dass das der Anfang vom Ende ist, war absehbar – Artus hat nichts mehr, er ist desillusioniert und verfällt in schwere Depressionen, weil er als von den Eltern verlassenes und vom Mentor immer wieder hinters Licht geführtes Kind nicht genügend Widerstandskraft gegen derartige Schicksalsschläge aufbauen konnte.

Guinevere – die normale Königin

Guinevere ist eigentlich das wahre Opfer in der Artussage. Sie wird – wie unzählige andere Frauen ihrer Epoche – zum Spielball männlicher Heiratspolitik und erwischt einen beziehungsunfähigen Mann. Ob die Kinderlosigkeit an ihr liegt oder womöglich an Artus (dem man erst in sehr viel späteren Versionen der Sage einen Sohn mit seiner eigenen Halbschwester nachsagte), der entweder seelisch oder körperlich nicht in der Lage war, die Ehe zu vollziehen (möglicherweise war er auch homosexuell), bleibt offen. Guinevere bleibt also nichts, um irgendwo eine Selbstbestätigung als Frau zu bekommen. Bis zu dem Zeitpunkt, da Lancelot auftaucht und um sie wirbt. Lancelot, der wiederum ohne Vater bei der alleinerziehenden Herrin vom See aufgewachsen ist, weiß, was Frauen wünschen (bei Männern weniger, sonst hätte er den armen Artus nicht so schrecklich durch den Ehebruch verletzt).

Die Beziehung zwischen Lancelot und Guinevere hätte also ganz normal werden können, wenn sie nicht das Pech gehabt hätte, mit Artus verheiratet zu sein und ihn ausgerechnet mit seinem besten Freund (und womöglich heimlich begehrten Liebesobjekt) zu betrügen. Hätte sie beispielsweise Sir Gawain gewählt, wäre vermutlich nichts weiter passiert, denn der Halodri Gawain, der selbst für seine zahlreichen Frauengeschichten bekannt war, hätte die Affäre elegant verdunkeln können. Aber leider sehnte sich die völlig normale und gesunde Guinevere nach mehr als einer Affäre. Sie wollte geliebt werden – und das ist ihre einzige Sünde, die ihr jedoch im Mittelalter, als Frauen kein Recht auf Liebe hatten, sondern nur auf Mutterschaft, nicht verziehen wird. Schon gar nicht von den Mönchen, die die Kopien der Sage anfertigten.

Sir Lancelot – der Frauenversteher

Es kommt nicht von ungefähr, dass ausgerechnet Sir Lancelot immer wieder eine herausragende Rolle in der Artussage einnimmt, denn er ist letztlich der Einzige, der das Ideal der

Tafelrunde wirklich verkörpert und eine vernünftige Beziehung zu Frauen aufbauen kann. Wie schon erwähnt, wuchs er vaterlos bei einer sehr selbständigen Frau auf, die ihm zeigte, dass Frauen starke Persönlichkeiten sein können. Lancelot lernte die starke Seite von Guinevere kennen – eine Seite, die Artus stets vernachlässigt hatte. Und vermutlich war dem armen Lancelot auch gar nicht bewusst, dass Artus ihn selbst möglicherweise mehr begehrte, als es einem bloßen Freund angemessen war – ganz unabhängig von einer mutmaßlichen Homosexualität war Lancelot für Artus eine wichtige Seelenstütze, jemand, von dem er unbedingte Loyalität nicht nur erwartete, sondern auch brauchte.

Lancelots Versagen liegt nun darin, dass er lediglich die Frauensicht als Kind kennengelernt hatte. Das machte ihn zwar zu einem einfühlsamen Freund, aber die Komplexität des verlassenen Mannes blieb ihm fremd – er sah in Artus jemanden wie sich selbst, aber nicht den kleinen Jungen, der sich an einen stabilen Part klammern muss. Für Lancelot war Artus als König und Krieger die starke Persönlichkeit, zu der er selbst aufblicken sollte, nicht umgekehrt. Wir haben also in der Beziehung zwischen Lancelot und Artus genau die Art von Missverständnissen, die sich sonst nur bei alten Ehepaaren zeigen – wenn sie aneinander vorbeireden und keinen Blick für die Bedürfnisse des anderen haben. Dieser innere Konflikt war von Anfang an da, aber er tritt erst durch Guinevere als Katalysator zutage. Jetzt muss Lancelot sich entscheiden, und er entscheidet sich menschlich für die Person, von der er glaubt, dass sie ihn mehr braucht – die gerade auf dem Scheiterhaufen festgebundene Guinevere, die ohne seine Hilfe verbrennen würde. Durch seinen Akt der grausamen Eifersucht, die Artus für sich natürlich auf verschiedenste Arten relativiert und zum notwendigen Übel erklärt, verliert er letztlich alles, denn Lancelot, der Frauenversteher, wird niemals einem grausamen Frauenverbrenner bis in die letzte Konsequenz folgen.

Und so zerbricht das Idealbild der Tafelrunde, indem ihm die Maske vom Gesicht gezogen wird. Alle anderen Nebenfiguren wie Morgana oder Mordred braucht es dafür gar nicht mehr – sie sind nur Staffage, die vom eigentlichen Konflikt ablenken und die homosexuelle Konnotation der Dramatik zwischen Artus und Lancelot kaschieren sollen, denn damals galt Homosexualität ja noch als todeswürdiges Verbrechen.

*Was wäre gewesen,
wenn Lancelot und Artus ihre
Erwartungen aneinander von Anfang an
hätten benennen können?*

Nun, die Geschichte der Tafelrunde wäre völlig anders verlaufen. Es stellt sich hier die Frage, ob Artus sie ohne sein Idealbild von Lancelot überhaupt hätte errichten können. Wofür hätte Artus seine Macht und seinen Einfluss nutzen können, wenn er sich darüber im Klaren gewesen wäre, dass er emotionale Defizite und Bindungsstörungen hatte? Zum einen hätte er Guinevere wohl nicht geheiratet. Merlin hat das von Anfang an erkannt, aber wie es so seine Art war, fehlte dem alten Zauberer die erforderliche Ausdruckskraft, klar und deutlich Tacheles zu reden. Hätte bereits Merlin offene Worte gefunden, dann wäre Artus bei seinen Eltern aufgewachsen. Er hätte eine Paarbeziehung als Kind miterleben können und den Umgang von Männern und Frauen durch Beobachtung und Gespräche mit seinen Eltern erlernt. Er hätte – wenn er Guinevere wirklich geheiratet hätte – durch das Vorbild seiner Mutter gewusst, worauf er sich einzustellen hat, wenn er mit einer Frau zusammenlebt. Vielleicht hätte er auch gar keine Hemmungshomosexualität entwickelt, weil er es nun nicht nötig gehabt hätte, all seine Liebe und Zuneigung auf den idealisierten Lancelot zu projizieren. Wäre er Guinevere ein echter Ehemann gewesen, hätte Lancelot wiederum keine Chance gehabt, die vernachlässigte Königin so sehr für sich einzunehmen. Guinevere hätte auch als kinderlose Königin ihr Gesicht wahren können, wenn Artus ihr vernünftige Aufgaben übertragen hätte – vielleicht wohltätige Stiftungen zu übernehmen oder ein Waisenkind zu adoptieren.

Letztlich zeigt sich am Beispiel der Artussage wieder einmal, wie wichtig es ist, bereits kleine Kinder ernst zu nehmen und ihnen ein gutes Vorbild zu sein, damit sie schon früh die richtige Art von Beziehungsgestaltung lernen. So etwas könnte ganze Tafelrunden retten.

DRITTE ETAPPE DER WELTLITERATUR: 17. – 19. JAHRHUNDERT

Die Frühe Neuzeit war in Europa eine Zeit vieler Umbrüche. Nicht nur gab es eine ganze Menge technischer Neuerungen, diese gingen zudem mit einem Umdenken einher. Die stetig besser gebildeten Massen sahen es nicht länger ein, sich von einigen wenigen reichen Machthabern etwas sagen zu lassen, sei es nun in weltlichen oder religiösen Belangen. Das führte unter anderem zur Französischen Revolution, bei der die Franzosen als Trendsetter eine Bewegung lostraten, die sich nach und nach durch ganz Europa zog. Es führte außerdem zur Gründung von Gesellschaften wie den Illuminati, die sich im Gegensatz zu ihrem schlechten Ruf der Aufklärung verschrieben hatten und Wissen horteten und weitergaben, das der Kirche nicht genehm war.

Zudem wurde die Welt im Bewusstsein vieler Leute immer kleiner. Neue Erfindungen machten das Reisen einfacher, und der Kolonialismus garantierte, dass man auch in seinem Zielland nicht auf den gewohnten Komfort verzichten musste. Es war viel einfacher, sich neuen Ideen und Weltanschauungen auszusetzen – wenn man denn wollte – oder etwas Fremdes zu finden, das man verteufeln konnte, wenn man weniger aufgeschlossen war. Viele Europäer mussten sich erstmals mit wechselndem Erfolg mit der Erkenntnis auseinandersetzen, dass es andere Lebensweisen gab als die eigene. Das Leben wurde weniger beständig, aber auch spannender, und für eine Weile glaubte man, mit all dem neuen Wissen, das man hatte, und all den neuen Erfindungen alles erreichen zu können.

ROMEO UND JULIA –
zwei Teenager
im Liebestaumel

Romeo und Julia sind ohne Zweifel das bekannteste Liebespaar der Weltliteratur. Praktisch jede neue Liebesgeschichte wird mit ihnen verglichen, egal, ob es passt oder nicht. Selbst Stephenie Meyers *Bis(s) zum Morgengrauen* kam schon in den zweifelhaften Genuss. Jährlich pilgern zudem Tausende von Touristen nach Verona zur Casa di Giulietta, die innerhalb des Stücks das Elternhaus der Julia gewesen sein soll. Ein Balkon wurde hier extra nachträglich angebaut, um an die berühmte Szene auf ebenjenem zu erinnern. An die Wand des Hauses heften die Leute Liebesbriefe, und Liebeserklärungen werden mit Kreide auf die Steine geschrieben.

Was nur mal wieder beweist, dass Dinge manchmal ein seltsames Eigenleben entwickeln. Denn ganz objektiv betrachtet, sind Romeo und Julia das beste Beispiel dafür, wie man eine Beziehung nicht führen sollte. Außer natürlich man mag seine Beziehungen kurz und mit tragischem Ende.

Kurzschlussentscheidungen und schlechte Kommunikation

Jeder wird ungefähr wissen, worum es in *Romeo und Julia* geht, aber es gibt ein paar Dinge, auf die Sie bisher sicher nie geachtet haben. Deshalb gehen wir die Geschichte noch einmal gemeinsam durch.

In Verona sind die Familien Capulet und Montague tödlich verfeindet. Immer wieder kommt es zu Zusammenstößen und Duellen zwischen ihnen, bis dem Fürsten von Verona der Kragen platzt und er verkündet, dass dem Nächsten, der Streit anfängt, die Todesstrafe blüht.

Während Julia eine Capulet ist, gehört Romeo der Familie Montague an. Direkt der Prolog von Shakespeares Tragödie erklärt einem, dass ihre Liebe deswegen unter einem schlechten Stern steht. Allerdings, wenn man das Stück genauer betrachtet, ist das ehrlich gesagt eher das geringste ihrer Probleme.

Vorerst allerdings ist Romeo hoffnungslos in die eher kalte Rosalinde verschossen und verzehrt sich in Liebeskummer nach ihr. Um ihn auf andere Gedanken zu bringen, schleppt sein Freund Benvolio ihn ausgerechnet auf einen Maskenball im Hause Capulet. Dort entdeckt Romeo Julia, ist hingerissen von ihrer Schönheit und sofort in sie verliebt. Rosalinde? Wer war das noch mal?

Julia geht es nicht anders. Es ist Liebe auf den ersten Blick. Immerhin war Julia vorher allerdings auch nicht in einen anderen verguckt. Sie hat nur einen etwas fragwürdigen älteren Verehrer namens Paris, von dem sie aber ohnehin nichts wissen will.

Gleich am nächsten Tag gibt es die berühmt-berüchtigte Balkonszene, in der Julia auf ihrem Balkon stehend ihre Liebe zu Romeo verkündet. Zum Glück für sie ist der einzige zufällige Zuhörer Romeo selbst, ansonsten hätte sie das eventuell in ernste Schwierigkeiten gebracht. So allerdings gibt er sich zu erkennen, erklärt, dass er sie genauso liebt, und sie beschließen zu heiraten.

Dieser Punkt ist wichtig: Beim zweiten Treffen, nachdem sie sich gerade einen Tag kennen, nachdem Romeo einen Tag vorher noch liebeskrank wegen Rosalinde war, beschließen sie zu heiraten. Das ist doch genau die Art, wie man wichtige, lebensverändernde Entscheidungen treffen sollte.

Bevor es sich einer von ihnen noch anders überlegen kann, setzen sie diesen Beschluss auch gleich in die Tat um. Romeo überredet den Mönch Bruder Lorenzo, die Ehe zu schließen. Dieser meint, er könnte damit den Streit zwischen den Familien schlichten, und sagt deshalb zu. Wenige Stunden später sind sie Mann und Frau. Eine Hochzeit in Las Vegas ist nichts dagegen. Nur der Elvis-Imitator fehlt.

Als wäre das an sich bisher noch nicht katastrophal genug, gerät Romeo kurz darauf mit einem Capulet in Streit und tötet ihn. Ihm zugutehalten muss man allerdings, dass er zuerst noch versucht, den Streit friedlich zu schlichten. Der Fürst von Verona lässt Romeo dann auch gnädigerweise nicht hinrichten, sondern verbannt ihn nur.

Bevor Romeo die Stadt verlässt, verbringen er und Julia noch ihre Hochzeitsnacht.

Direkt darauf tritt Julias Verehrer Paris wieder auf den Plan und will sie nun wirklich heiraten. Julias Vater stimmt dem zu, ohne sich nach ihrer Meinung dazu zu erkundigen.

Um der Ehe zu entgehen, trinkt Julia einen Trank, der sie in einen scheintoten Zustand versetzt. Romeo hätte darüber unterrichtet werden sollen, aber die Nachricht erreicht ihn nicht. Stattdessen erfährt er von einem Freund von Julias «Tod». Und natürlich tut er das, was er die ganze Zeit schon getan hat: Er trifft eine Kurzschlussentscheidung.

Romeo kauft Gift und will Julia im Tod Gesellschaft leisten, weshalb er sich zu dem Mausoleum begibt, in dem sie «begraben» wurde. Unterwegs tötet er noch zufällig Paris, weil Shakespeare wohl einen gewissen Mindest-Body-Count für seine Tragödien hatte und Romeo jetzt eh alles egal ist. Im Mausoleum angekommen, trinkt Romeo das Gift und stirbt.

Julia wacht auf, sieht ihn tot, lamentiert ihr grausames Schicksal und ersticht sich. Was mit einer Kurzschlussentscheidung begonnen hat, endet mit einer ganzen Reihe davon. Immerhin sehen am Ende die Capulets und Montagues, was sie mit ihrer Fehde angerichtet haben, und schließen Frieden. Damit war die ganze Sache zumindest für etwas gut.

Wie alt waren die noch mal?

Nun fragt sich der eine oder andere vielleicht: Was zur Hölle war da eigentlich mit Romeo und Julia los? Leute, die sich innerhalb kürzester Zeit unsterblich verlieben und dann mit dem größtmöglichen Drama an die Gestaltung ihrer Beziehung herangehen, sieht man doch normalerweise nur auf irgendwelchen Schulhöfen. So verhalten sich nur liebeskranke Teenager.

Nun ja, das stimmt. Und Romeo und Julia *sind* liebeskranke Teenager. Für Julia wird innerhalb des Stücks sogar ein Alter genannt: Sie steht kurz vor ihrem vierzehnten Geburtstag. Romeo ist ein wenig älter, aber höchstens ein paar Jahre.

Shakespeare hat den Stoff zudem nicht erfunden. Ganz abgesehen davon, dass es natürlich schon seit der Antike Geschichten über Liebende gibt, die aufgrund äußerer Umstände nicht zusammen sein können, schrieb Luigi da Portos bereits um 1530 das Werk *Giulietta e Romeo*, und sein Landsmann Matteo Bandellos verfasste etwas später *Romeo e Giulietta*. Dieses verwendete wiederum Pierre Boaistuau, um eine französische Fassung des Stoffes zu schreiben, auf die sich dann 1562 Arthur Brooke in seinem Epos *The Tragical History of Romeus and Juliet* bezog, das schließlich eine der Vorlagen für Shakespeares Stück darstellte, bis hin dazu, dass es stellenweise wörtlich zitiert wurde. In dieser Vorlage Shakespeares ist die Geschichte von Romeo und Julia noch als mahnendes Beispiel dafür gedacht, was passiert, wenn junge Leute nicht auf ihre Eltern und Ratgeber hören. In diesem Licht ergibt die ganze Geschichte gleich deutlich mehr Sinn, nicht wahr?

Dass heutzutage ebenjenes Schulhof-Drama mit tödlichem Ausgang als die größte Liebesgeschichte aller Zeiten gilt, sagt wahrscheinlich wenig Schmeichelhaftes über unsere Haltung in Bezug auf Liebe und Beziehungen aus.

Romeo und Julia aus psychiatrischer Sicht

*Romeo – ein Musterbeispiel
für einen gescheiterten Narzissten*

Wenn wir uns zunächst der Figur des Romeo widmen, stellt sich die Frage, inwieweit dieser junge Mann überhaupt in der Lage war, das Konstrukt der Liebe von dem des Schwärmens und der Verliebtheit zu unterscheiden.

So wird im Stück zunächst sein Liebeskummer um ein anderes Mädchen deutlich benannt, doch sobald er Julia erblickt, ist die «alte Liebe» sofort vergessen, weil die Leidenschaft nun ein neues Objekt gefunden hat. Hier wird deutlich, dass es weniger um Julia geht als vielmehr um eine Objektübertragung. Romeo fühlt sich zurückgewiesen, dabei geht es überhaupt nicht um Rosalinde oder Julia als menschliches Gegenüber und Gegenpart, mit dem man sein Leben verbringen möchte, sondern lediglich um die schnelle Bedürfnisbefriedigung. Bei Rosalinde erlebte Romeo eine Kränkung, die er – womöglich auch aufgrund seines jungen Lebensalters und seiner mangelnden Erfahrung – nicht von echtem Liebeskummer zu unterscheiden vermochte. Um diese narzisstische Kränkung zu überwinden, muss er sich selbst einem neuen Abenteuer stellen – und was liegt da näher, als einen Maskenball aufzusuchen, um Rosalinde mit anderen Mädchen zu vergleichen und zu sehen, ob sie wirklich so schön ist? Eine klassische Abwehr des Narzissten – er entwertet jene, die er nicht haben kann. Dass er dann tatsächlich auf ein hübsches Mädchen trifft, dem er gefällt, macht die narzisstische Bestätigung perfekt. Wer war schon

Rosalinde? Niemand von Bedeutung. Er verleugnet nun sogar direkt, je in sie verliebt gewesen zu sein. «Liebt ich wohl je?», heißt es im Text. «Nein, schwör es ab, Gesicht!»

Hier aber gibt es einen doppelten Gewinn zu erzielen, wenngleich Romeo diese Entscheidung nicht bewusst, sondern mehr vom Unterbewusstsein getrieben trifft. Ein Mädchen aus dem Haus der verfeindeten Familie interessiert sich für ihn. Kann es eine bessere Selbstbestätigung für einen kurz zuvor narzisstisch gekränkten jungen Mann geben? Er genießt dieses Gefühl, verwechselt narzisstische Zufuhr mit Liebe, was durchaus möglich ist, denn eine gelungene narzisstische Bestätigung fühlt sich genauso erhebend und berauschend wie die große Liebe an. Er will dieses Gefühl festhalten – und was wäre besser, als sofort einen Ehebund mit der Auserwählten einzugehen, damit der Ehebund dieses Gefühl für immer konserviert und sie ihm nicht abhandenkommen kann, wie es Rosalinde tat?

Die schnelle Handlung von Romeo lässt sich einzig vor dem Hintergrund des Liebeskummers um Rosalinde verstehen. Aber gerade diese Verschiebung der Gefühle, bei denen es nicht um Julias Person geht – über die er letztlich gar nichts weiß, was dem Fundament einer dauerhaften Liebe angemessen wäre –, sondern einzig darum, dass Romeo endlich wieder diesen Rausch der narzisstischen Bestätigung erleben will, den er mit Liebe verwechselt, ist der Beginn der Tragödie.

Passend dazu kommt es zum Konflikt mit dem Mann, der Julia bereits länger kennt und vermutlich eine realistischere Einstellung zu dem jungen Mädchen hat. Paris – Julias Verehrer, der sich genau überlegt hat, warum er sie heiraten will, und den korrekten Weg wählt. Und Paris hat Erfolg, obwohl Romeo durch die Blitzhochzeit bereits Tatsachen geschaffen hat – von denen nur leider niemand etwas ahnt. Zudem gerät Romeo in einen Konflikt mit einem Capulet namens Tybalt, den er tötet, nachdem er zunächst vergeblich versuchte, Frieden zu stiften. Immerhin ist er doch nun mit Julia verheiratet, und man gehört zu einer Familie. Leider stellt Romeo sich dabei nicht besonders geschickt an, da man ihm in seiner frühesten Kindheit weniger die Kunst der Überzeugung als die des Kampfes vermittelte. Und so tut Romeo dann das, was er gelernt hat – er tötet den Widersacher. Natürlich muss man Romeo zugutehalten, dass er in einer psychischen Ausnahmesituation war, da Tybalt seinen Freund tödlich verletzt hat. Wir sehen hier dennoch den aggressiven Anteil von Romeos Narzissmus, der nur Sieg oder Vernichtung kennt. Zwar bereut er im Anschluss, was er getan hat, aber es bleibt offen, ob diese Reue nun tatsächlich dem Getöteten gilt oder vielmehr ein Ausdruck von Selbstmitleid ist – denn so etwas bringt bekanntlich Ärger mit sich. Die erwartete Strafe folgt dann auch – er wird verbannt.

Als er später Paris begegnet, gerät er abermals in einen Konflikt, den Paris mit dem Leben zu bezahlen hat. Ein deutlicher Hinweis darauf, dass Romeo tatsächlich nicht den Tod eines Menschen bereute, sondern nur die Konsequenzen, die das für ihn selbst hatte. Hätte er Tybalts Tod aufrichtig bedauert, so hätte er alles getan, um eine weitere Tötung zu verhindern. Andererseits zeigt sich, dass die Tötung von Kontrahenten für Romeo auch ein Weg ist, narzisstische Bestätigung zu erhalten. Er muss die Macht behalten, weil er tief in sich ein kleiner, hilfloser Junge ist, der mit massiven

Selbstwertproblemen zu kämpfen hat. Dagegen hilft nur die Flucht in «männliche Tugenden» – entweder als großer Liebhaber oder gefürchteter Duellant.

Am Ende helfen ihm all diese Dinge nicht weiter, und als er dann die falsche Botschaft erhält, Julia sei tot, zeigt sich erneut sein maligner Narzissmus. Das Gefühl Sieg oder Vernichtung wendet sich nun gegen ihn selbst. Er wählt die Selbstvernichtung, weil er zu schwach ist, an der Krise zu reifen, und sich einbildet, er könne ohne Julia nicht leben. Dabei handelt es sich lediglich um das fiktive Bild von Julia, die wahre Julia hat er noch gar nicht kennenlernen können. Und so stirbt er letztlich nicht wegen der realen Julia, sondern für ein Idealbild, das er als letzten Rettungsanker sah, um sein brüchiges Selbstwertgefühl noch irgendwie zu stabilisieren.

Julia –
die emotional-instabile Persönlichkeit

Zum Verständnis von Julias Persönlichkeit müssen wir zunächst konstatieren, dass es sich um ein pubertierendes Mädchen handelt, dessen Persönlichkeit zu diesem Zeitpunkt noch nicht vollständig ausgereift ist. Nicht umsonst ist es in der Medizin verpönt, Persönlichkeitsstörungen vor dem Ende der Pubertät zu diagnostizieren, da viele Verhaltensweisen pubertierender Jugendlicher an Menschen mit emotional-instabilen Persönlichkeitsstörungen erinnern.

Dennoch sind es genau diese emotional-instabilen Züge, die Julia in die Katastrophe führen. Eine wirkliche Mutterbeziehung konnte sie nicht aufbauen, ihre Mutter gab sie früh in die Obhut einer Amme, die aber immerhin als wesentliche Bezugsperson von Julia wahrgenommen werden konnte und zumindest Ansätze einer sicheren Bindung ermöglichte. So ist ihre Amme auch die einzige Person, der sie sich anvertraut, aber ihre Amme ist nun mal nicht ihre Mutter. Hätte sie sich einer entscheidungsbefugten Mutter anvertraut, hätte diese anders handeln können als eine im Dienstverhältnis stehende Amme, die sich hüten wird, ihrem Dienstherrn – also Julias Vater – zu widersprechen. Zumal Julia schon vierzehn ist und keine Amme mehr braucht und die Amme vermutlich zu alt ist, um noch einmal ein Kind zu bekommen, das den Milchfluss für eine Einstellung bei einer anderen Familie als Amme sicherstellen würde. Und so reagiert die Amme bei ihren Ratschlägen nicht im Sinne von Julia, sondern lediglich in ihrem eigenen – sie rät Julia, auf ihren Vater zu hören.

Nun sind Menschen mit emotional-instabilen Anteilen nicht nur nicht besonders rational, sondern sie haben oftmals auch ein besonderes Gespür dafür, wenn jemand nicht zu ihrem, sondern zum eigenen Besten argumentiert. Das Problem ist nicht, dass Julias Amme zur Ehe mit Paris rät, sondern die wahre Problematik liegt darin, dass sie von Julia eine Lüge verlangt. Julia soll einfach ihre Ehe mit Romeo verschweigen, da der ja ohnehin verbannt wurde. Dieser Umgang mit der Wahrheit ist vermutlich nicht neu, sodass davon ausgegangen werden muss, dass Julia niemals gelernt hat, offen Konflikte anzusprechen, sondern nur, sich durch Notlügen und Intrigen aus Schwierigkeiten herauszulavieren. Und genau das versucht sie auch hier. Julia ist für ihre knapp vierzehn Jahre schon ein sehr intelligentes Mädchen, und so erkennt sie die Klugheit hinter dem Plan, den der Mönch, der sie und Romeo vermählt hat, ihr als Ausweg anbietet. Sie täuscht ihren Tod vor, da sie nicht in der Lage ist, eine offene Aussprache herbeizuführen und auszuhalten.

Ihr Plan hätte funktionieren können, wenn sie nicht ausgerechnet Romeo – dem Narzissten, der lieber handelt, anstatt zu denken – aufgesessen wäre. Hier stellt sich auch die Frage, was Julia selbst an Romeo so faszinierend fand, dass sie glaubte, die große Liebe zu empfinden. Natürlich geht es auch bei Julia um eine narzisstische Bestätigung – da gibt es einen jungen, attraktiven Mann, der um sie wirbt, ohne dass er gleich überlegt, wie lukrativ die Ehe wohl sein wird. Julia als Tochter einer einflussreichen Familie, in der Ehen nicht aus Liebe, sondern als Geschäftsmodelle geschlossen wurden, konnte sich somit nie sicher sein, ob sie um ihrer selbst willen geschätzt wurde oder nur wegen des Ansehens ihrer Familie und ihrer zu erwartenden Mitgift. Gerade die Tatsache, dass Romeo von dieser Beziehung nur Ärger und Leid zu erwarten hat, überzeugt sie davon, dass er sie aufrichtig liebt. Er ist bereit, Opfer für sie zu bringen. Dass er die Opfer nicht für sie bringt, sondern lediglich, um sein angeschlagenes Selbstwertgefühl zu reparieren, kann sie nicht wissen. Das ist übrigens auch in der heutigen Zeit oftmals der Hauptknackpunkt, wenn sich emotional-instabile Menschen auf Narzissten einlassen – am Ende gehen sie am Narzissten zugrunde, manchmal zerstören sie aber auch den Narzissten.

Julia hatte nie die Möglichkeit, als Person zu reifen. Sie wollte um ihrer selbst geliebt werden und überhöhte die Beziehung zu Romeo. Die Blitzhochzeit war dafür ebenfalls ein starker Ausdruck, der Beweis, dass er bereit war, für sie zu kämpfen. Doch während Julia wirklich bereit war, um eine – in Wahrheit nicht existente – Liebe zu kämpfen, zog Romeo die Selbstvernichtung vor, anstatt an äußeren Schwierigkeiten zu reifen.

Leider war Julia nicht in der Lage, das zu erkennen. Ihr selbst blieb nur der Schock, dass der einzige Mann, der sie in ihrem Wahrnehmen jemals geliebt hatte, lieber den Tod gesucht hatte, als von ihr getrennt zu sein. Für sie ein weiterer Beweis seiner großen Liebe – und zugleich ein traumatischer Schlag, der sie in eine emotionale Ausnahmesituation brachte, sodass sie nur den eigenen Tod als Lösung sah. Ein klassisches Beispiel dafür, dass Menschen insbesondere nach großen, seelischen Erschütterungen besonders selbstmordgefährdet sind – vor allem dann, wenn sie noch keine gereifte, feststehende Persönlichkeit haben, die sich schon an einigen Schicksalsschlägen erproben und härten konnte.

Was wäre gewesen, wenn Romeo und Julia ein anderes Umfeld gehabt hätten?

Stellen wir uns vor, Julia hätte als Kind gelernt, offen für ihre Belange einzutreten, und ihrem Vater gesagt, dass sie bereits mit Romeo verheiratet ist. Was wäre dann passiert? Scheidungen waren damals noch nicht so leicht wie heute möglich, zumal die beiden die Ehe bereits vollzogen hatten.

Die Familien hätten sich mit den Tatsachen auseinandersetzen müssen, und vermutlich wären sie bereits zu diesem Zeitpunkt zu einer gütlichen Einigung und einem Friedensschluss gekommen. Zumindest vorläufig, denn wir müssen davon ausgehen, dass die sogenannte Liebe von Romeo und

Julia den Widrigkeiten des Alltags nicht standgehalten hätte, da sie ja nur in der Vorstellung des jeweils anderen als Idealbild existierte.

An der Realität wären die beiden gescheitert. Julia hätte bald erkannt, dass Romeo sie nicht aus Liebe geheiratet hat, sondern nur zur narzisstischen Befriedigung des Selbstwertgefühls, das von Rosalinde angeschlagen war. Wenn sie ihm aber dann keine uneingeschränkte Bewunderung mehr entgegengebracht hätte, hätte sie ihm erneut eine narzisstische Kränkung zugefügt. Bei Romeos Charakter ist davon auszugehen, dass er sich kurzerhand zu irgendeinem militärischen Abenteuer gemeldet und fernab der Heimat seine Selbstbestätigung gesucht hätte. Möglicherweise hätte diese Entfernung beiden wieder die Möglichkeit gegeben, sich in das eigene Idealbild der Liebe zu verlieben und auf seinen Heimaturlaub zu freuen.

Schlimmer wäre es jedoch, wenn Romeo ein untreuer Ehemann geworden wäre, der Julia nach ein paar Monaten nach Strich und Faden betrogen hätte. Das hätte den Streit zwischen den beiden Familien vermutlich erneut aufflammen lassen, und alles wäre beim Alten geblieben.

Wie man es auch dreht und wendet – Romeo und Julia wären niemals glücklich miteinander geworden. Im Tod konnten sie beide die Illusion einer Liebe aufrechterhalten, die es niemals in diesem Sinne gab. Und deshalb wird ihre Liebe auch heute noch so hochgehalten – weil Menschen die Illusion oft der Realität vorziehen. Tatsächlich war die Liebe von Romeo und Julia nicht unglücklich, weil sie am Ende dafür starben. In Wahrheit war sie unglücklich, weil die beiden einander gar nicht als Menschen liebten, sondern einem unerreichbaren Ideal hinterherliefen. Vor diesem Hintergrund sollte man sich also hüten, seine Liebe mit der von Romeo und Julia zu vergleichen, denn es ist keine tiefe, edle Liebe bis in den Tod, sondern lediglich die Verliebtheit in die Illusion der Liebe selbst. Und der Tod ist gnädig genug, den vermeintlichen Liebenden diese Illusion für alle Ewigkeit zu bewahren.

Die größte Liebesgeschichte aller Zeiten

Dennoch gilt die Geschichte von Romeo und Julia als die größte Liebesgeschichte aller Zeiten und prägt damit nicht nur romantische Erzählungen bis heute, sondern bestimmt auch maßgeblich unsere Erwartungen an Liebe und Beziehungen im echten Leben. Die Liebe auf den ersten Blick, die Romeo und Julia erleben, gilt als ein romantisches Ideal. Doch wenn wir ehrlich sind, was sagt uns der erste Blick denn über einen Menschen? Genau das, was auch für Romeo ausschlaggebend zu sein scheint: Ist dieser Mensch schön oder nicht?

Und das ist ja schön und gut, wenn man sowieso nicht vorhat, die Flitterwochen zu überleben. Für eine längerfristige Beziehung viel wichtiger wären dagegen allerdings Charaktermerkmale, die man erst nach und nach mit besserer Bekanntschaft entdecken kann. Romeo mag noch so atemberaubend gut aussehen, aber seine Neigung, aus allem gleich ein Drama zu machen, das nur mit Selbstmord gelöst werden kann, ist ein eindeutiger Minuspunkt. Was Julia dann auch feststellen musste. Leider war es da schon zu spät.

Auch Liebe gegen jede Vernunft gilt generell als etwas Erstrebenswertes, also die Idee, dass, wenn man nur fest genug liebt, alles andere sich schon irgendwie fügen wird. Das ist genau die Art, wie Romeo und Julia ihre Beziehung angehen. Es gibt keinen tatsächlichen Plan, wie sie dafür sorgen wollen, dass ihre Beziehung funktioniert. Sie sprechen nicht darüber, wie im Detail sie sich die Zukunft vorstellen. Und eigentlich zeigt ihr Beispiel ja gerade, wie wenig es funktioniert, sich einfach ohne Plan in eine schwierige Beziehung zu stürzen. Dennoch wird ihre Liebe als etwas gefeiert, das alle Grenzen überwindet.

Nun, das ist eventuell Ansichtssache, aber Selbstmord zu begehen, weil man fürchtet, ansonsten nicht mehr mit seinem Partner vereint sein zu können, klingt nicht direkt nach einer erfolgreichen Strategie, den Umständen zum Trotz sein Glück zu finden.

Allerdings haben wir bei unseren sachlichen Analysen wahrscheinlich einfach nicht genug Sinn für Romantik.

WERTHER –
Verderber der Jugend

Die Leiden des jungen Werther ist eines der besten Beispiele dafür, dass Geschichte sich wiederholt. Nach seinem Erscheinen zur Leipziger Buchmesse 1774 wurde der Roman sofort ein Bestseller. Der Erfolg war so durchschlagend, dass dem Werk noch heute nachgesagt wird, es habe maßgeblich zum Aufkommen der damaligen «Lesesucht» beigetragen.

Moment, Lesesucht? Ja, genau. Dieses Wort kam im ausgehenden 18. Jahrhundert auf. Dank aufklärerischer Bemühungen und öffentlicher Bildungseinrichtungen beherrschten um diese Zeit vor allem in den Städten immer mehr Menschen das Lesen. Zuerst lasen sie vor allem Zeitungen, religiöse Literatur und natürlich immer und immer wieder die Bibel, aber Romane waren exakt zu der Zeit, zu der Goethes Werther erschien, groß im Kommen. Vor allem Frauen aus dem Bürgertum, die sonst nicht viele Möglichkeiten hatten, sich zu entfalten, wandten sich dieser neuen Freizeitbeschäftigung in Scharen zu.

Und wie das so ist mit Neuerungen, vor allem mit solchen, für die sich viele junge Frauen begeistern, sah man darin bald eine Gefahr. Frauen zu viel lesen zu lassen, vor allem jene Lektüre, die rein der Unterhaltung diente und keinerlei didaktische Zwecke verfolgte, führe zur Verwahrlosung des Haushalts, der Zerrüttung der Familie und der Vernachlässigung der Kinder, hieß es bald in zeitgenössischen Schriften.

Aber nicht nur Frauen, sondern auch die Jugend allgemein sei durch die Lesesucht rettungslos verloren. Man warf ihr Trägheit, Scheu vor echter Arbeit und viele weitere Dinge vor, die angeblich alle durch das Lesen ausgelöst wurden. Im Prinzip – und hier kommen wir zu dem Punkt, an dem sich die Geschichte wiederholt – wurden alle Argumente vorgebracht, die man heutzutage in Bezug auf Computerspiele, das Internet und – besonders aktuell – Smartphones anbringt. Und um das Ganze auf die Spitze zu treiben: Genau wie heutzutage «Killerspiele» angeblich zu Amokläufen führen, trieb einen die Lektüre von Goethes *Werther* damals angeblich in den Selbstmord. Nicht etwa aus purer Langeweile, wie manch ein Schüler, der heutzutage dazu gezwungen wird, dieses Werk zu lesen, vielleicht vermuten möchte. Vielmehr galt *Die Leiden des jungen Werther* als einer dieser von Jugendlichen und Frauen geschätzten Romane, der es wagte, keinerlei didaktisches Ziel zu verfolgen, wie anständige und einigermaßen akzeptable Lektüre das tat. Außerdem hielt man ihn für moralisch höchst verwerflich, da er zur Nachahmung der letzten verzweifelten Tat seines jungen Helden anstiftete.

Aber das ist nicht der einzige Aspekt bei *Werther*, der noch immer äußerst aktuell ist.

Emo, bevor es cool war

Die Leiden des jungen Werther ist ein Werk des Sturm und Drang, einer literarischen Strömung, die sich erstaunlich gut mit der heutigen Emo-Kultur vergleichen lässt. In beiden Strömungen stehen die Gefühle im Vordergrund, und beide stellen ein Aufbegehren der Jugend gegen ältere, eher auf Vernunft ausgerichtete Werte dar. Wenn man sich Werther also mit schwarzem Eyeliner, ins Gesicht hängenden Haaren und vielen Piercings vorstellt und alle Klischees vor dem inneren Auge heraufbeschwört, die man mit diesem Erscheinungsbild assoziiert, dann hat man schon ein sehr gutes Bild von dem Charakter.

Doch für alle, die in der Schule nicht richtig aufgepasst haben, es aber nun genauer wissen wollen, hier noch mal eine Zusammenfassung davon, was Werther eigentlich tut:

Um Erbschaftsangelegenheiten für seine Mutter zu regeln, aber auch, um einer unglücklichen Liebschaft zu entkommen, verlässt Werther seinen Heimatort. In dem idyllischen Ort Wahlheim lernt er den sympathischen Amtmann S. kennen, einen alleinerziehenden Vater mit neun Kindern. Wirkliches Interesse an der Familie entwickelt Werther allerdings erst, als er der ältesten Tochter Lotte begegnet. Diese hat für ihre jüngeren Geschwister die Mutterrolle übernommen, was ihn sehr beeindruckt. Später glaubt er zudem eine Seelenverwandtschaft zu ihr zu erkennen, weil sie in ähnlichen Bahnen denkt wie er. Zu diesem Zeitpunkt kennt er sie noch nicht einmal einen Tag, aber immerhin muss man ihm im Vergleich zu Romeo zugutehalten, dass er nicht direkt versucht, Lotte zu heiraten. Stattdessen vergöttert er sie. Sie erscheint ihm wie eine Heilige, der gegenüber er zunächst auch keine sexuellen Gefühle empfindet. Er sucht lediglich viel ihre Nähe und freundet sich zudem mit ihrem So-gut-wie-Verlobten Albert an.

Als er schließlich doch alles andere als platonische Gefühle für Lotte entwickelt, flieht er nach einem Gespräch, in dem Lotte ihm erzählt, dass sie ihrer Mutter am Sterbebett versprochen habe, Albert zu heiraten. Damit gibt er Lotte nie auch nur die Möglichkeit, zum einen, von seinen wahren Gefühlen ihr gegenüber zu erfahren, und zum anderen, deswegen vielleicht doch zu entscheiden, Albert nicht zu heiraten. Könnte ja sein, dass ihr das ganz recht wäre. Jemanden zu heiraten, nur weil man es der Mutter versprochen hat, ist ja nun wirklich nicht die beste Basis einer gesunden Beziehung.

Eine Weile verbringt Werther bei einem Gesandten bei Hofe. Allerdings fühlt er sich von den höfischen Etiketten eingezwängt und stellt für sich fest, dass er, Emo, der er ist, wohl immer ein Außenseiter in der Gesellschaft sein wird. Nach einigen weiteren Zwischenfällen, die ihm deutlich machen, dass er nicht in die adlige Gesellschaft passt, kehrt er schließlich über Umwege nach Wahlheim zurück.

Dort haben Lotte und Albert inzwischen geheiratet, ohne ihm Bescheid zu sagen. Kein Wunder, immerhin ist er ja ohne ein Wort verschwunden. Dennoch nimmt er seine Freundschaft mit Lotte wieder auf. Ohne es selbst zu merken, flirtet Lotte ein wenig mit ihm, was seine Leidenschaft erneut anfacht. Sie kommen ins Gerede, und Lotte versucht Werther zuerst deutlich in die Friendzone zu verweisen und bittet dann um etwas mehr Abstand.

Das allerdings hält Werther nicht durch. Obwohl er selbst zuvor lange fort gewesen ist, ist die Vorstellung, Lotte ein paar Tage lang nicht zu sehen, weil diesmal sie es wünscht, für ihn undenkbar. Schon wieder fragt er also gar nicht, was Lotte eigentlich will. Also, genau genommen weiß er, was Lotte will, immerhin hat sie es ihm gesagt, aber es interessiert ihn nicht die Bohne.

Als er nun wieder unangekündigt bei ihr hereinschneit, während Albert fort ist, erlebt er mit ihr einen weiteren Moment, in dem er glaubt, eine Seelenverwandtschaft zu erkennen. Beide werden dabei emotional, und Werther sieht seine Gelegenheit gekommen. Er will Lotte umarmen und küssen. Diese erschrickt und flüchtet ins Nebenzimmer.

Um Lottes Ehe und Ehre nicht zu gefährden, beschließt Werther, sich endgültig aus ihrem Leben zu entfernen, indem er Selbstmord begeht. Mit einer von Albert ausgeliehenen Pistole schießt er sich in den Kopf. Am nächsten Morgen wird er tödlich verwundet aufgefunden und erliegt schließlich seinen Verletzungen.

Der junge Werther aus psychiatrischer Sicht

Wenn man sich den Werdegang von Werther ansieht, fällt auf, dass er große Schwierigkeiten in der Beziehungsgestaltung hat. Er ist sich über sein Gefühlsleben nicht wirklich im Klaren, und es gibt bereits zu Beginn der Geschichte einen diskreten Hinweis auf eine komplizierte Mutterbeziehung – er ist unterwegs, um Erbschaftsangelegenheiten der Mutter zu regeln. Passend dazu sieht er in Lotte zunächst auch gar nicht die begehrenswerte Frau, sondern er vergöttert sie dafür, dass sie die Mutterrolle für ihre jüngeren Geschwister übernimmt. Als er bemerkt, dass er doch mehr für sie empfindet, nutzt er die Gelegenheit, dass Lotte ihm von ihrem Eheversprechen erzählt, zur Flucht. Diese Flucht ist für ihn zwingend notwendig, denn aufgrund seiner ungelösten Mutterbeziehung überträgt er auf die vergötterte Lotte seinen eigenen Ödipuskomplex. Da Lotte selbst die strahlende Mutterfigur repräsentiert, darf er sie nicht sexuell begehren – das verinnerlichte Inzesttabu verhindert es. Natürlich ist dies dem jungen Werther nicht bewusst, er agiert aus dem Unbewussten, und bei ihm kommt zudem eine depressive Grundnote seines Charakters hinzu, die man in der Medizin als Dysthymia bezeichnet. Er bewegt sich stets am Rand einer Depression, ohne dass er dabei das Vollbild einer Depression erfüllt. Aber es raubt ihm die Lebensfreude und den Lebensmut. Diese Veranlagung schleppt er schon lange mit sich herum. Lotte erscheint ihm in dieser täglichen Düsternis wie ein strahlender Lichtschein – sie ist für ihn das Idealbild einer jungfräulichen Mutterfigur. Wenn er mit dieser Frau eine Seelenverwandtschaft empfindet, erhöht es ihn selbst. Lotte an sich – die wirkliche Lotte hinter diesem Idealbild – ist da eher störend, denn Werther braucht das Idealbild wie die Luft zum Atmen. Als der Verlobte in spe Erwähnung findet, droht das Idealbild zu zerbrechen. Werther muss eine Entscheidung treffen – stellt er sich der Realität, überwindet er das mütterliche Idealbild und das damit implementierte unbewusste Inzesttabu, oder flieht er einfach, um das Idealbild zumindest in seiner Phantasie zu bewahren? Wir wissen, wie die Geschichte ausgeht – Werther ist unfähig, sich vom Idealbild zu lösen, und sucht sein Heil in der Flucht.

Doch seine stete Dysthymia lässt ihn nicht glücklich werden, denn sie trennt ihn von seinen Mitmenschen. Möglicherweise hat er auch prägende schizoide Züge in seiner Persönlichkeit, die es ihm nicht ermöglichen, Gefühle in ihrer vollen Intensität wahrzunehmen und auszukosten. Er steht immer am Rand, weil er einerseits große Angst vor der Nähe zu seinen Mitmenschen hat, auf der anderen Seite aber auch mit ihnen verschmelzen möchte. Dies zeigt sich eindrücklich darin, dass er Lotte schon nach kurzer Bekanntschaft zu seiner Seelenverwandten hochstilisiert, was eine intellektuelle Nähe erlaubt, aber zugleich durch die platonische Note die nötige Distanz vor körperlicher Nähe erhält.

Werthers depressive Grundstruktur ist ihm auch im weiteren Verlauf seines Lebens im Weg. Nach seiner überstürzten Flucht vor Lotte – oder besser gesagt seiner Flucht vor der Entzauberung ihres Idealbildes – schafft er es nicht, wirklich dazuzugehören. Seine Eingliederungsversuche in die Gesellschaft scheitern an den Gegebenheiten der damaligen Zeit, in der man als Bürgerlicher schnell die Grenzen zur Etikette des Adels überschreiten konnte. Bei seiner selbstunsicheren Grundstruktur wirkt jeder noch so freundliche Hinweis auf ein Fehlverhalten wie ein tödlicher Dolchstoß. Und so kehrt er abermals zurück zum Idealbild seiner Lotte.

Doch Lotte ist nun nicht länger das Idealbild der jungfräulichen, unantastbaren Mutter, die er wie ein Marienbild verehren konnte. Lotte ist verheiratet und sexuell erwacht. Zwar ist sie ihrem Mann treu, aber die Tatsache, dass sie keine unerfahrene Jungfrau mehr ist, enthemmt Werthers Unterbewusstsein. Jetzt würde er ja nicht mehr die jungfräuliche Mutter deflorieren – das ist ja schon geschehen. Durch die Eheschließung mit Albert ist Lotte nun eine Frau mit gelebter Sexualität geworden, was Werther sehr erregt. Wo er zuvor keine Worte fand – nicht um Lottes willen, sondern aufgrund seiner eigenen inneren Hemmung –, gesteht er sich nun männliche Gefühle zu. Gleichzeitig weiß sein Unterbewusstsein jedoch, dass er sich nicht wirklich in Gefahr begibt. Lotte ist ihrem Mann treu und wird nicht zulassen, dass er die letzte Grenze überschreitet. Werther selbst ist hin- und hergerissen, da gibt es die starke Libido, die ihn zu Lotte hinzieht, aber zugleich auch die Furcht vor Nähe. Hier werden die schizoiden Anteile erneut spürbar – Distanz versus Verschmelzung, was man heute auch als klassischen Nähe-Distanz-Konflikt in der Psychotherapie bezeichnen würde.

Lotte, die eine völlig gesunde, normale Frau ist, ist mit Werthers Charakter überfordert. Sie begreift nicht, dass es ihm nicht um sie als Mensch, sondern nur um sie als Idealbild geht. Würde es Werther wirklich um die Person Lotte gehen, würde er auf ihre Bedürfnisse Rücksicht nehmen, doch Werther kämpft noch immer damit, sich über seine eigenen Bedürfnisse klarzuwerden – will er die vollständige Nähe zu Lotte oder doch lieber die Distanz? Da er die Entscheidung nicht selbst treffen kann, provoziert er Lotte unbewusst durch sein Verhalten dazu, die Grenze aufrechtzuerhalten – sie weist ihn zurück, bittet ihn, seltener zu kommen. Doch zugleich lässt sie ihm eine Hintertür offen – er darf nach wie vor kommen, aber eben nicht mehr so wie bisher.

Damit gibt Lotte Werther die Entscheidung letztlich zurück, obwohl sie klare Grenzen setzt. Sie will eine Freundschaft, während Werther gar nicht weiß, ob er nun eine Freundschaft oder Sexualität oder beides will. Dieser Konflikt ist für ihn nicht auszuhalten, und so erschießt er sich. Dass er dazu auch noch Alberts Pistole benutzt, kann als tiefe Rachesymbolik verstanden werden. Er sah Albert stets als Rivalen, mit dem er sich aber niemals offen messen wollte, da er ja womöglich den Kampf um Lotte gewonnen hätte. Hätte er aber Lotte als Frau gewonnen, wäre das Idealbild der Lotte nicht länger aufrechtzuerhalten gewesen. Also erschießt er sich, aber er gibt Albert eine Mitschuld, weil er dessen Pistole nutzt. Möglicherweise hofft er, dass Lotte Albert schwere Vorwürfe machen wird und die Ehe in eine ernste Krise gerät – wenn er Lotte schon nicht haben kann, soll sie auch kein anderer haben. Immerhin hat er genügend Anstand, sich selbst zu erschießen anstatt Lotte oder Albert.

Was wäre gewesen, wenn Werther rechtzeitig in eine Psychotherapie gegangen wäre?

Zunächst einmal wäre es darum gegangen, den Nähe-Distanz-Konflikt zu analysieren und die Ursachen dafür aufzudecken. Als Nächstes hätte eine einfühlsame Psychotherapeutin (Werther wäre der klassische Kandidat für eine Therapeutin, weil er an ihr am besten seine Übertragungen Frauen gegenüber hätte abarbeiten können) ihm spiegeln können, wie sein Verhalten auf Lotte wirkt. Werther hätte sich nun damit auseinandersetzen müssen, was er wirklich will. Möglicherweise wäre Werther bei der Erkenntnis, dass er das eigentlich gar nicht weiß, bereits akut suizidal geworden und hätte zu seiner eigenen Sicherheit in einer geschlossenen psychiatrischen Abteilung behandelt werden müssen. Im Anschluss an diese Krisenintervention hätte man dann jedoch weiter mit ihm arbeiten können: Welche realistischen Ziele verfolgt er eigentlich? Wie stellt er sich seine weitere Lebensplanung vor? All das bleibt bei Werther völlig unklar, er treibt ziellos durch das Leben und lässt sich von Idealbildern leiten, die er stets so hoch hängt, dass sie unerreichbar bleiben.

Was wäre gewesen, wenn die verheiratete Lotte den sexuellen Avancen von Werther nachgegeben hätte?

Das ist in der Tat eine interessante Frage. Oberflächlich betrachtet könnte man glauben, Werther hätte daran reifen können, wenn er Lotte von ihrem Sockel gehoben und als leidenschaftlich begehrte Frau betrachtet hätte. Wenn man sich einmal von den Konventionen von Werthers Zeit löst, in der Scheidungen nicht möglich waren, sondern die Situation auf unsere Zeit überträgt, wäre jedoch faktisch nichts erreicht worden.

Hätte Lotte mit Werther Sex gehabt, hätte sie selbst das Idealbild entweiht. Nachdem der erste Rausch verflogen wäre, hätte Werther mit dieser Desillusionierung – seine vergötterte Übermutter Lotte ist eine Ehebrecherin – genauso wenig wie mit ihrer Zurückweisung umgehen können. Selbst wenn er die Möglichkeit gehabt hätte, sie zu heiraten, nachdem sie sich hätte scheiden lassen – was damals aber ausgeschlossen war –, hätte er sich vermutlich umgebracht. Eine Erfüllung der Primärbedürfnisse wäre für ihn aufgrund seiner Grundstruktur genauso wenig zu ertragen, wie das ständige Versagen derselben. Aber Werther wusste als Kind seiner Zeit, dass Lotte unerreichbar bleiben würde – egal, ob sie sich ihm hingeben würde oder nicht. Ja, im Grunde konnte er sich sogar sehr sicher sein, dass sie seine Avancen zurückweisen würde. Er ging deshalb gar kein großes Risiko ein, sie von ihrem Sockel des Idealbildes zu stürzen. Der Kuss, den er ihr aufnötigt, ist sozusagen Ausdruck des Begehrens und des Abweisens zugleich. Er macht ihr deutlich, dass er ihr nicht das geben kann, was sie sich wünscht. Gleichzeitig schlummert in ihm immer noch die Hoffnung, dass vielleicht Lotte eine Lösung aus dem Dilemma kennt. Doch Lottes Lösung – mehr Abstand – gefällt ihm bei seinem ungelösten Nähe-Distanz-Konflikt auch nicht. Er kommt ihr nur insofern entgegen, als dass er den größtmöglichen Abstand schafft, indem er sich umbringt. Aber da er nun tot ist, leidet er nicht mehr unter dem Abstand. Da er nicht bereit war, seine Konflikte vernünftig zu lösen, wählt er den Weg der Selbstvernichtung.

Alles in allem muss man konstatieren, dass Werther vermutlich auch in einer heutigen Psychotherapie eine schlechte Prognose gehabt hätte, denn wie man es auch dreht und wendet – Selbstmord wäre in vielen Fällen die für ihn leichteste Lösung gewesen. Auch in der Psychotherapie trifft man immer wieder auf Menschen wie Werther, die sich trotz größtmöglicher therapeutischer Bemühungen doch das Leben nehmen, weil ihnen das als die einzig nachhaltige Konfliktlösung erscheint.

KARL MAY –
Trickbetrüger und Idealist

Eine der interessantesten Tatsachen in Bezug auf Karl May ist, dass er über den Wilden Westen geschrieben hat, ohne je in Amerika gewesen zu sein. Dass ihm das dennoch überzeugend gelungen ist, sollte einen allerdings auch nicht überraschen. Er war nämlich zudem in der ersten Hälfte seines Lebens als Trickbetrüger und Hochstapler tätig, hatte also einige Erfahrung darin, so zu tun, als kenne er sich mit Dingen aus, von denen er eigentlich keine Ahnung hatte. Der bekannteste Fall war die Stollberg-Affäre, bei der er sich als höherer Beamter ausgab, um in dem bereits abgeschlossenen Fall um den Tod des Onkels seiner Lebensgefährtin noch einmal zu ermitteln. Das und diverse Versuche, irgendwie durch kleinere Verbrechen seinen Lebensunterhalt zu bestreiten, brachten ihn immer wieder für kurze Zeit ins Gefängnis. Kein Wunder, dass er dann über die freie Weite der Prärie schrieb.

Allerdings, so überzeugend sie auch sein mochten, nicht immer gerieten Karl Mays Darstellungen ferner Länder sonderlich korrekt. So ist er beispielsweise der Erfinder der Blutsbrüderschaft, zumindest in Bezug auf die Ureinwohner Nordamerikas. Während nämlich die Blutsbrüderschaft als die engste Verbindung zwischen zwei Männern unter den Germanen galt, kannten die Indianer, über die May schrieb, diese Tradition gar nicht. Andererseits hat er es auch in dieser Hinsicht richtig gemacht: Winnetou und Old Shatterhand sind so bekannt geworden, dass inzwischen jedes Kind die Verbindung zwischen Blutsbrüdern und Indianern zieht. Man merke also: Wenn man bei der Recherche nicht gründlich genug ist, muss man nur lange genug auf der eigenen Darstellung beharren, dann kommt man damit trotzdem durch und schafft einfach seine eigene Realität.

Erst Jahre später nutzte Karl May schließlich das durch den Erfolg seiner Bücher verdiente Geld, um tatsächlich in die Länder zu reisen, in denen seine Romane spielten. Sowohl bei seinem Besuch in Amerika als auch auf einer langen Reise durch den mittleren Osten, den Schauplatz seiner Orientromane, erlitt er dabei einen durchaus heftigen Realitätsschock.

Winnetou, der indianische Edelmensch

Dadurch, dass Karl May viele Erzählungen und Fortsetzungsromane in Zeitungen und Ähnlichem veröffentlichte, gibt es in seinem Werk nur ansatzweise eine durchgehende Handlung. Zwar hat er in den gesammelten Winnetou-Ausgaben nachträglich versucht, auch Einzelgeschichten in eine Rahmenhandlung einzubetten, aber so ganz ist ihm das nicht immer gelungen. Größtenteils haben wir es mit einer Sammlung eher lose zusammenhängender Geschichten zu tun.

Sie alle werden meist aus der Sicht von Old Shatterhand erzählt, der im Prinzip Karl May selbst ist, nur cooler. Heutzutage nennt man so einen Charakter eine Mary Sue. Dieser Begriff kommt aus dem Bereich der Fanfiction und bezeichnet nicht nur einen Charakter, mit dem der Autor sich im Prinzip selbst in die Geschichte einfügt, sondern der zudem auch noch beeindruckend gut in allem ist, was er versucht.

Old Shatterhand ist ursprünglich Deutscher und kommt als Hauslehrer nach Amerika. Von St. Louis aus reist er als Landvermesser in den Westen. Er spricht zwölf Sprachen, ist ein geschickter Kämpfer mit allen möglichen Waffen, lernt schnell alle Fähigkeiten, die er braucht, um im Wilden Westen zu überleben, und kennt sich mit vielen Naturwissenschaften aus. Außerdem stellt er immer wieder seine überlegene Moral zur Schau, indem er Feinde nur in absoluter Notwehr tötet und eher versucht, Konflikte zu lösen, indem er sie zu Freunden macht.

So lernt er auch Winnetou kennen. Als Landvermesser arbeitet er für die Eisenbahn, die eine Bahnstrecke genau durch das Land der Apatschen (eigentlich richtig Apachen, aber Karl May hat viele Worte so geschrieben, wie man sie ausspricht) bauen soll. Davon sind diese verständlicherweise nicht sonderlich begeistert. Sie versuchen es erst mit freundlichen Hinweisen darauf, dass die Weißen bitte ihren Grund und Boden verlassen mögen, aber als einer der Ihren von einem Begleiter Old Shatterhands erschossen wird, haben sie genug. In dem daraus entstehenden Konflikt, in den noch ein weiterer Indianerstamm hineingezogen wird, versucht Old Shatterhand immer wieder zu vermitteln und das Schlimmste zu verhindern. Das erkennt schließlich auch

Winnetou, und nach diversen schweren Verwundungen, Intrigen und Kämpfen auf Leben und Tod geht er mit Old Shatterhand endlich die Blutsbrüderschaft ein.

Zudem verliebt sich Winnetous Schwester Nscho-tschi in Old Shatterhand. Um ihn heiraten zu können, möchte sie sogar nach St. Louis reisen, um sich seiner Kultur anzupassen und sich taufen zu lassen. Die Apatschen erlauben Old Shatterhand außerdem, die Vermessung ihres Landes zu beenden, damit er sich dafür bezahlen lassen und seiner baldigen Frau so etwas bieten kann. Ob sie eine Bahnstrecke durch ihr Land damit billigend in Kauf nehmen, wird nie geklärt, denn der ganze Konflikt wird einfach nie wieder erwähnt. Wenn man Probleme wie den aktuellen Streit um die Ölpipeline durch Dakota-Land doch auch nur so einfach lösen könnte.

Bevor das Heiratsversprechen jedoch umgesetzt werden kann, werden Nscho-tschi und ihr Vater von dem Banditen Santer erschossen, der es auf das versteckte Gold der Apatschen abgesehen hat. Warum die Apatschen überhaupt ein geheimes Goldversteck besitzen, wo die Ureinwohner Nordamerikas doch überhaupt nicht untereinander mit Gold gehandelt haben, ist auch eines der Dinge, die nie wirklich geklärt werden. Aber wer braucht schon einen Grund für ein geheimes Indianer-Goldversteck?

Weitere Geschichten drehen sich dann darum, wie Winnetou den Tod seiner Schwester und seines Vaters versucht zu rächen und dabei seine Aufgaben als neuer Häuptling der Apatschen sträflich vernachlässigt. Stattdessen erlebt er lieber nebenher alle möglichen Abenteuer mit seinem Blutsbruder.

Winnetou stirbt schließlich, bevor er Rache üben kann,

weil er bei dem Versuch, die Bewohner eines Dorfes zu retten, die von mit Zugräubern verbündeten Sioux entführt wurden, von einem ebensolchen Sioux erschossen wird. Er stirbt also, wie er gelebt hat: bei einem Abenteuer, das weder irgendetwas mit seinen Pflichten als Häuptling noch mit seinem Streben nach Rache zu tun hat.

Immerhin, als Old Shatterhand den Apatschen von Winnetous Tod berichten will, lässt er sich ausnahmsweise mal auf produktive Weise von seinem eigentlichen Ziel ablenken: Er stößt auf eine Spur von Santer. Der Bandit stiehlt Winnetous Testament und versucht ein letztes Mal, das Gold der Apatschen zu erbeuten. Dafür ereilt ihn diesmal seine gerechte Strafe, denn er wird von dem, was er immer haben wollte, erschlagen. Das hätte man natürlich auch einfacher und viel früher haben können.

Die Orient-Romane – dasselbe mit mehr Sand

Karl Mays Orient-Romane folgen im Prinzip exakt demselben Muster wie die, die im Wilden Westen spielen. Hier heißt Karl Mays Mary-Sue-Charakter lediglich anders: Kara ben Nemsi.

Wieder ist er mit einem Einheimischen unterwegs, um Schurken das Fürchten zu lehren und Frieden zu stiften, wo es nur geht. Der größte Unterschied ist Kara ben Nemsis Begleiter. Während Old Shatterhand mit einem ebenbürtigen Freund unterwegs ist, hat Kara seinen Diener Hadschi Halef dabei. Dieser ist ein wenig verschlagen und nicht sonderlich altruistisch veranlagt, bekennt sich am Ende aber zu den Werten des Christentums, ohne sich jedoch taufen zu lassen. Im Vergleich zu Winnetou fehlen ihm ganz offensichtlich einige Prinzipien.

Karl May aus psychiatrischer Sicht

Das Werk von Karl May ist so umfassend, dass selbst Jahrzehnte nach seinem Tod immer wieder neue Bände erschienen, die sich aus alten Romanfragmenten oder den in Zeitungen erschienenen Fortsetzungsbänden speisen. Insofern muss man – wenn man sich der psychologischen Deutung annähert – eine Auswahl treffen.

Karl May hat nicht nur über den Orient und die Indianer geschrieben – er schrieb auch über die armen Weber im Erzgebirge, über Abenteuer in China, in Südamerika, und sein Spätwerk ging sogar ins Phantastische und erzählt in *Ardistan und Dschinnistan* eine magische Geschichte, in der selbst Tote wieder lebendig werden – alles im Sinne der Versöhnung.

Und genau hier – bei Karl Mays großem Grundgedanken – sollte die Analyse ansetzen. Karl Mays Texte unterscheiden sich von vielen anderen Werken der Literatur dadurch, dass hier nicht das Missverständnis oder die Geheimniskrämerei als Stilmittel verwendet wird. Karl May ist für die offene Aussprache – er will niemanden bekämpfen, er sucht selbst in seinen Gegnern nach den Menschen, er tötet nur im absoluten Notfall, er schätzt das Individuum und möchte, dass alle Menschen Brüder werden – auch dafür steht die Blutsbrüderschaft Winnetous und Old Shatterhands –, selbst wenn es das in der Realität gar nicht so gab.

Es gibt zwei Hauptcharaktere, die Karl May, der sich selbst Old Shatterhand oder Kara ben Nemsi nennt, begleiten. Da ist natürlich zunächst der bekannte Winnetou.

Winnetou – der schizoide Charakter

Winnetou wuchs zusammen mit seiner Schwester Nscho-tschi als Sohn des Apatschenhäuptlings Intschu-tschuna auf. Intschu-tschuna ist Witwer, es bleibt offen, wann seine Frau starb, vermutlich, als die jüngere Nscho-tschi noch ein kleines Mädchen war, denn sie erwähnt Old Shatterhand gegenüber einmal, dass sie als Kind noch Erinnerungen an ihre Mutter hatte, die nicht so hart wie die Männer war (zu diesem Zeitpunkt wartet Old Shatterhand in Gefangenschaft der Apatschen noch darauf, am Marterpfahl gegrillt zu werden).

Es gelingt Old Shatterhand letztlich, dem Martertod zu entgehen, sich mit den Apatschen zu versöhnen und Winnetous Blutsbruder zu werden.

In diesem Akt der Blutsbrüderschaft wird die von Winnetou zugleich gewünscht aber vermutlich auch gefürchtete Verschmelzung deutlich. Winnetou ist ein Einzelgänger, dessen einziger Freund Old Shatterhand ist. Zwar hat Winnetou als angesehener Häuptling der Apatschen viele Bekannte, und auf Facebook und Twitter hätte er bestimmt etliche Follower, aber das tiefe innere Verstehen, das gemeinsame Schweigen, das gibt es nur mit Old Shatterhand. Im Grunde ist Winnetou, nach heutigen Maßstäben, eine Art Nerd. Seinem Beruf – Häuptling der Apatschen – geht er nicht mit der nötigen Kontinuität nach, viel lieber übt er seine Nerd-Hobbys aus, nämlich Abenteuerreisen mit Old Shatterhand, die ihn in der Trilogie *Satan und Ischariot* über Dresden sogar bis in den Orient führen.

Winnetou ist sozusagen der heimliche Zwilling von Old Shatterhand – es ist eine echte Männerfreundschaft, die nicht von Frauengeschichten getrübt wird. Da ist Winnetou auch ein gebranntes Kind, seine erste große (und einzige) Liebe, die Häuptlingstochter Ribanna, entschied sich für Winnetous Freund Old Firehand, mit dem sie in der Ursprungsversion der Geschichte eine Tochter hatte, aber in *Winnetou II* wurde daraus dann ein Sohn. Vielleicht war Ribannas Kind ja auch der erste Transgender der Geschichte, der erfolgreich eine Geschlechtsumwandlung durchsetzte. Ribanna selbst wurde von einem Fiesling namens Tim Finnety umgebracht. Von den Indianern wurde Finnety Parranoh genannt, da er der weiße Häuptling der Poncas war. Die Indianer bei Karl May hatten ein echtes Gastarbeiter-Problem mit weißen Häuptlingen, die den einheimischen Indianerhäuptlingen die Arbeit wegnahmen. Auch Tim Finnety hatte Ribanna heiraten wollen, aber da er sie nicht bekam, brachte er sie halt um. Dieser Finnety ist übrigens der einzige Mensch, den Winnetou jemals skalpiert – allerdings hatte er nicht richtig hingeschaut, ob sein Feind wirklich tot ist, denn – auch das ist klassisch bei Karl May, man denke nur an Sam Hawkins – Finnety überlebt die Skalpierung und kann später weiter Unheil anrichten.

Hier wird auch deutlich, warum Winnetou normalerweise so ein selbstkontrollierter Charakter ist. Wenn er sich nur von seinen Gefühlen treiben lässt, macht er seine Arbeit nicht mehr sorgfältig und bringt Schurken nicht korrekt um, was in der Folge ernsthafte Probleme verursachen kann.

Vielfach wurde auch die Frage gestellt, ob Winnetou und Old Shatterhand homosexuell waren, doch dafür finden sich keine Belege. Winnetou scheint vielmehr ein asexueller Nerd gewesen zu sein. Leidenschaften waren ihm wegen des damit verbundenen Kontrollverlusts stets suspekt.

Hadschi Halef Omar Ben Hadschi Abul Abbas Ibn Hadschi Dawuhd al Gossarah – das wahre Spiegelbild Karl Mays

Der zweite große Charakter an Karl Mays Seite – diesmal in seiner Rolle als Kara ben Nemsi – ist Hadschi Halef Omar. Er begegnet Kara ben Nemsi erstmals in *Durch die Wüste*, als er sein Diener und Reiseführer wird. Und nicht nur das, er verpasst Karl May auch seinen Wüstennamen «Kara ben Nemsi», was Karl, Sohn der Deutschen, heißen soll, aber eigentlich ist Nemetsche die Bezeichnung für Österreicher, was Halef aber nicht so gut auseinanderhalten kann. Auch das wird lang thematisiert – tatsächlich behält Kara den Namen, vermutlich weil sich Kara ben Alemani nicht so schön ausspricht, ebenso wenig wie Kara ben Saxa – denn Karl May ist stolz auf seine sächsische Herkunft.

Hadschi Halef ist wie der echte Karl May ein listiger kleiner Aufschneider am Rande zum Betrug. So nennt er sich Hadschi – die Bezeichnung für einen Mekkapilger –, obwohl weder er noch seine Vorfahren, die er auch als Hadschis betitelt, jemals in Mekka waren. Dorthin kommt er erst im Laufe der Geschichte. Halef führt gern das große Wort, ist mit dem Mund immer als Erster dabei und bringt dadurch alle regelmäßig in Schwierigkeiten, die Kara ben Nemsi dann ausbügeln muss. Hier wird der Narzissmus von Halef spürbar, der sich auch aus seiner Kindheitsentwicklung erklären lässt. Er ist ein bettelarmer Beduine, der nichts hat, auf das er stolz sein kann. Also erfindet er sich seine eigene Geschichte, und er trägt den Islam als die großartigste Religion vor sich her, von deren Wohltaten er Kara zu bekehren sucht. Dabei ergeben sich interessante Dialoge zwischen Halef und Kara, bei denen Halef durchaus von guten Argumenten zu überzeugen ist und letztlich nicht nur akzeptiert, dass Kara ben Nemsi ein Christ bleiben wird, sondern dessen Entscheidung auch gegenüber anderen Muslimen verteidigt und für sich selbst zu dem Schluss kommt, dass Allah die Leute an ihren Taten und nicht an ihrer Religion misst. In Halef findet also die Aufklärung statt, die das Christentum in Europa zu großen Teilen schon hinter sich hat. Halef kann den Schritt gehen, aus dem politischen Islam seine Privatreligion zu machen, die es ihm erlaubt, dass alle Menschen Brüder sein können, auch wenn sie unterschiedlichen Glaubens sind. Auch hier wird wieder Karl Mays großer Anspruch zur Versöhnung und zum Ausgleich spürbar. Bei Karl May bleibt es bis zum Schluss offen, ob ein Feind, den man bekämpft, am Ende ums Leben kommt, oder ob er zum Freund wird. Missverständnisse werden aus dem Weg geräumt, und wenn jemand kein bösartiger Psychopath ist, sondern einfach ein Mensch mit einer anderen Lebenseinstellung, versuchen Winnetou, Halef und Old Shatterhand/Kara ben Nemsi stets einen Kompromiss zu schließen. Deshalb sind sie auch bei ihren

Feinden geachtet, weil sie dem Gegenüber trotz allem Respekt und Wertschätzung entgegenbringen. Es gibt mehr als die Vernichtung des anderen – der andere darf anders bleiben, aber er darf eben keine Gefahr für die Welt sein.

Old Shatterhand/Kara ben Nemsi – die Menschheitsfrage

Karl May selbst gab später, als man dahinterkam, dass seine Geschichten nur ausgedacht und er selbst vorbestraft war, an, dass er sich selbst in den oben angeführten Rollen nicht als realen Helden sah, sondern als die Menschheitsfrage – als den Suchenden.

Das ist allerdings nur die halbe Wahrheit. Sicherlich ist sein Spätwerk so zu verstehen, und Karl May hatte – trotz seiner eigenen kriminellen Vergangenheit – einen hohen Anspruch an Mitmenschlichkeit. Aber lange Zeit sehnte er selbst sich auch nach Anerkennung, und er konnte sich gewiss sein, dass nur wenige Menschen seine moralischen Zielsetzungen verstanden hätten, wenn er sie als philosophisches Traktat verfasst hätte. Indem er sie als spannende Abenteuergeschichten erzählte, wurde er zum Lehrer seiner Leser – eine Bezeichnung, die er in *Winnetou I* selbst wählt –, er spricht den Leser ja auch oft direkt in seinen Werken an. Karl May will die Kommunikation, den Austausch, aber er möchte auch im Mittelpunkt stehen und mit seinem Anliegen ernst genommen werden. Sein Werk fußt deshalb auf zwei Säulen – spannende Unterhaltung in Form von Abenteuergeschichten auf der einen Seite, aber auch – wenn man sich die Mühe macht, hinter die Fassaden zu schauen – der

Wunsch nach Versöhnung unter allen Menschen auf der anderen Seite. Er ist ein Utopist, der für eine friedliche Welt kämpft. Und vor diesem Hintergrund ist seine ursprüngliche Schutzbehauptung, mit der er sein Lügengebäude stützen wollte, doch korrekt – Old Shatterhand und Kara ben Nemsi sind die Menschheitsfrage in einer Person, die durch verschiedene Welten reist und sich selbst und ihrem hohen Moralanspruch dabei immer treu bleibt. Deshalb finden sich in Karl Mays Texten alle möglichen Leser wieder – Menschen, die gern Geschichten lesen, wie Konflikte überwunden werden, aber auch Menschen, die gern reine Abenteuergeschichten lesen, und sogar solche Menschen, die genau das Gegenteil von dem sind, was Karl May war – Menschen, die überheblich in ihrem eigenen Rassenwahn sind, weil sie Karl May komplett missverstanden haben. Das bekannteste Beispiel dafür ist Adolf Hitler, der als Kind gern Winnetou gespielt hat.

Karl May und Rassismus

Zuletzt muss gesagt werden: Sosehr Karl May es gut meinte und wollte, dass alle Menschen Brüder werden, er war von der Gesellschaft seiner Zeit geprägt. Seine Darstellungen anderer Völker sind voll von Vorurteilen, deren er sich wahrscheinlich nicht einmal bewusst war. So werden Afrikaner von Old Shatterhand in einem Allgemeinurteil als gutmütig und sorglos bezeichnet, Chinesen als verschlagen und Beduinen als räuberisch.

Meist sind es außerdem weiße Männer (wesentlich seltener sind Frauen daran beteiligt), die die Probleme aller anderen Völker lösen. Sie schwingen sich regelmäßig zu Häuptlingen von Stämmen auf, als hätte jedes eingeborene Volk nur darauf gewartet, dass von irgendwoher ein Weißer kommt, der ihnen zeigt, wie das mit der Regierung richtig funktioniert. Und Leute wie Old Shatterhand sind diejenigen, die als Vermittler Konflikte zwischen den Angehörigen fremder Völker lösen. Der Gedanke, dass die europäische Kultur allen anderen überlegen und die einzige wirkliche Zivilisation sei, war zu Karl Mays Zeiten so fest im Denken eines jeden Europäers verankert, dass man sie bis heute kaum aus dem Unterbewusstsein der Menschen bekommt. Sosehr Karl May von Gleichheit redete und sich gegen Rassismus aussprach, sosehr ging er aber auch davon aus, dass diese Gleichheit und Einigkeit natürlich auf der Basis seiner europäisch geprägten Werte stattfinden sollten.

Das zeigt sich auch in der Art, wie Hadschi Halef Omar sich schließlich zu den Werten des Christentums bekennt, ohne sich allerdings taufen zu lassen. Zwar war er auch als Moslem schon Kara ben Nemsis Freund, aber er musste von dem weiseren weißen Mann zu seinem eigenen Wohl zum rechten Glauben geleitet werden. Das heißt, seine Annahme europäischer Werte und Glaubensvorstellungen wird als eine charakterliche Weiterentwicklung dargestellt. Lediglich eine Taufe als Aufnahme durch eine bürokratisierte Institution ist bei Karl May nicht notwendig, da nur das eigene Bekenntnis zählt – aus diesem Grund wurde Karl May auch trotz seines hohen moralischen Anspruchs kontrovers von der Kirche als Institution diskutiert. Manch ein christlicher Würdenträger fürchtete schon, Karl May wolle seine eigene neue Religion etablieren.

Auch Winnetou bekennt sich in seiner Sterbeszene übrigens noch zum Christentum. Hier gilt dasselbe Prinzip.

Davon abgesehen ist Halef eine Sammlung aller Vorurteile in Bezug auf arabischstämmige Menschen. Er ist verschlagen, prahlt gerne und fragt sich oft genug, was für ihn dabei herausspringt, bevor er jemandem hilft. Er wird deswegen nicht als böse dargestellt, sondern trotz seiner Fehler sympathisch, aber das ändert nichts daran, dass die entsprechenden Vorurteile dargestellt werden.

Immerhin hat Karl May es in Bezug auf Winnetou besser gemacht, oder? Na ja ... Bei Winnetou tappt er in die Falle des positiven Rassismus. Klingt seltsam, ist aber ein Phänomen, das es tatsächlich gibt.

Positiver Rassismus ist, wenn die stereotypen Vorstellungen, die man von einem bestimmten Volk hat, dieses richtiggehend idealisieren. Eines der besten Beispiele dafür ist die Vorstellung des «edlen Wilden». Die Darstellung von Winnetou und den anderen Ureinwohnern Amerikas entwickelt sich vor allem im Spätwerk Karl Mays in genau diese Richtung. Winnetou war für ihn ein «indianischer Edelmensch», moralisch perfekt, tapfer und unerschrocken. Diese Idealisierung führt genauso zu einer Entmenschlichung, wie es ihr negatives Gegenstück täte. Menschen sind nie perfekt, auch die in Einklang mit der Natur lebenden Ureinwohner welchen Landes auch immer nicht. Menschen machen immer auch Fehler, und jedes Volk hat denselben Prozentsatz an Arschlöchern. Positiver Rassismus führt damit immer dazu, dass bei einer Begegnung mit der Realität Erwartungen enttäuscht werden. Und wenn man dann sowieso schon gewohnt ist, ein ganzes Volk über einen Kamm zu scheren, ist es nicht weiter schwer, von «Diese Leute sind alle so viel besser als wir» auf «Diese Leute sind alle böse» umzuschwenken, sobald das Idealbild einmal zerbrochen ist.

Wie gesagt, war sich Karl May all dieser Probleme sicherlich nicht bewusst, sondern hat seine Geschichten wirklich in der besten Absicht geschrieben. Doch wir alle sind immer auch ein Produkt der Kultur, in der wir aufwachsen, und niemandem gelingt es ganz, sich von dem Weltbild und all den damit einhergehenden Vorurteilen zu lösen, die er von klein auf erlernt hat.

DRACULA –
der wohl bekannteste Untote der Welt

Geschichten über Vampire oder ähnliche Untote, die sich vom Blut oder der Lebenskraft der Lebenden ernähren, gibt es schon sehr lange und in praktisch allen Teilen der Welt. Dass die Toten sich wieder aus ihren Gräbern erheben könnten, ist eine häufig gehegte Furcht aller Menschen und sorgt noch heute dafür, dass niemand gerne nachts über Friedhöfe geht.

Die Liste der Geschichten über ebenjene Wesen und die Dinge, die angeblich zu ihrer Abwehr dienen können, ist deshalb auch nahezu unerschöpflich. Während man im alten Mesopotamien der Meinung war, dass vampirähnliche Rabisu keine Linien aus Salz übertreten können, warf man in Deutschland gerne Erbsen in die Särge der Toten, nur für den Fall, dass sie sich in einen Nachzehrer verwandelten. Angeblich waren die Untoten dazu gezwungen, jede einzelne Erbse zu zählen, bevor sie irgendetwas anderes machen konnten. Eine Vorstellung, die Graf Zahl aus der Sesamstraße eine erstaunlich tiefe Verwurzelung in altem Aberglauben bescherte.

Auf all diese alten Geschichten griff Bram Stoker zurück, als er 1897 seinen Roman *Dracula* schrieb, der heutzutage zusammen mit Mary Shelleys *Frankenstein* als eine der Grundlagen für die moderne Horror-Literatur gilt. Stoker ließ sich zudem höchstwahrscheinlich von den Geschichten über Vlad Dracul (bzw. Vlad Tepes) inspirieren. Dieser rumänische Fürst kämpfte im 14. Jahrhundert unter anderem gegen die Türken. In seinem eigenen Land war er damit ein Volksheld, anderswo wurde er wohl auch aus politischen Gründen zu einem grausamen Tyrannen hochstilisiert. Die Wahrheit liegt wahrscheinlich wie immer irgendwo in der Mitte, aber es ist verhältnismäßig gesichert, dass er seine Feinde gerne per Pfählung hinrichtete. Auch soll er einige seiner gefangenen Gegner vor ihrer Hinrichtung gezwungen haben, das Fleisch ihrer Freunde zu essen.

Sowohl spitze Stöcke als auch das Essen (bzw. Trinken) von Menschen spielen in Bram Stokers Roman eine Rolle. Ansonsten hat er aber vor allem den Namen genommen und dann seiner Phantasie freien Lauf gelassen.

Von unglücklicher Liebe und schaurigen Schlössern

Die meisten werden irgendwann in ihrem Leben mindestens einen Film gesehen haben, der auf Bram Stokers *Dracula* basiert, und sei es nur Mel Brooks *Tot aber glücklich*. Die meisten werden zudem nie den Roman gelesen haben. Das ist aber auch nicht schlimm, denn dieser enthält so viele Szenen, die sich cinematographisch grandios umsetzen lassen, dass es gar nicht so viele wichtige Unterschiede gibt.

Der Roman ist in Form von Tagebucheinträgen, Briefen,

Schiffslogbüchern und Zeitungsartikeln geschrieben und beginnt mit dem Rechtsanwalt Jonathan Harker, der nach Siebenbürgen reist, weil er dem Grafen Dracula helfen soll, den Kauf eines Hauses in London abzuwickeln. Auch als Vampir möchte man wohl am Puls der Zeit bleiben und braucht deshalb einen Zweitwohnsitz in einer Weltstadt.

Schon bei der Anreise kommt Harker einiges seltsam vor. Dracula wohnt in einem gruseligen Schloss, Anwohner überreichen Harker einen Rosenkranz zum Schutz, und er stellt bald fest, dass der Graf kein Spiegelbild hat. Das kennen wir alles aus den Filmen, nicht wahr? An einem erfolgreich gruseligen Anfang gibt es eben auch hundert Jahre später wenig zu rütteln.

Harker wird zudem verboten, in irgendeinem anderen Raum als dem ihm zugewiesenen Zimmer einzuschlafen. Als er dieses Verbot schließlich bricht (es sollte eigentlich schwer sein, in einem gruseligen Schloss aus Versehen irgendwo einzuschlafen, aber irgendetwas an Verboten weckt wohl in jedem Mensch den Rebellen), erwacht er später, umgeben von drei schönen Frauen, von denen eine ihn beinahe beißt. Dracula erscheint rechtzeitig, um sie davon abzuhalten, Harker zu vernaschen, und wirft den Frauen stattdessen ein Kind zum Fraß vor.

Danach fürchtet Harker um sein Leben, aber seine Suche nach Fluchtwegen bleibt erfolglos, da das Schloss von Wölfen bewacht wird, die der Graf kontrolliert. Dracula zeigt außerdem bereits Interesse an Harkers Verlobter Mina, der Briefe zu schreiben er Harker zwingt.

Zuletzt findet Harker heraus, dass es eine Gruft mit einem mit Erde gefüllten Sarg gibt, in dem Dracula schläft. Und damit hätten wir dann so ziemlich jeden Punkt abgearbeitet, der noch immer in vielen Vampirgeschichten eine wichtige Rolle spielt.

Erst nach Draculas Abreise in Richtung London gelingt Harker schließlich die Flucht.

Eine Weile später läuft ein Schiff in den Londoner Hafen ein, dessen gesamte Crew tot ist. Ein schwarzer Hund springt von Bord und verschwindet im Nebel. Das ist ebenfalls eine dieser Szenen, an denen Drehbuchschreiber auch hundert Jahre später nichts zu rütteln gefunden haben.

Nicht lange danach zeigt Minas Freundin Lucy Anzeichen von Somnambulismus, und Mina glaubt auch, zwei runde Bissmale an Lucys Hals zu sehen.

Lucys Verlobter, Lord Arthur Godalming, hat wenig Zeit für sie, da seine Mutter krank ist, deshalb bittet er einen befreundeten Arzt, der in einer Anstalt für psychisch Kranke arbeitet, sich um Lucy zu kümmern. Interessanterweise sind sowohl dieser Arzt als auch ein weiterer Mann, der später noch hinzukommt, um zu helfen, ehemalige Verehrer von Lucy. Allerdings hilft ihr das auch nicht weiter. Der Arzt weiß sich keinen Rat und schaltet wiederum einen Kollegen ein, einen gewissen van Helsing.

Van Helsing weiß relativ bald, dass er es mit einem Vampir zu tun hat, macht aber ein großes Geheimnis darum, da ihm die Dramatik der Enthüllung wichtiger zu sein scheint, als tatsächlich wichtige Informationen an alle Helfer weiterzugeben. Alle ihre ehemaligen und derzeitigen Verehrer spenden Lucy Blut, um sie am Leben zu erhalten, aber nach einem weiteren nächtlichen Besuch Draculas ist es zu spät für sie. Sie stirbt und kehrt als Untote zurück.

In der Zwischenzeit kommt Harker endlich auch wieder in London an. Er hat eine Weile in einem Krankenhaus in Budapest verbracht und Mina geheiratet, die ihn dort besucht hat.

Nun stößt er zu van Helsing und der Gruppe von Lucys ehemaligen Verehrern. Von van Helsing angestiftet, kommt keiner von ihnen überhaupt auf die Idee, mit Dracula zu reden und herauszufinden, was dieser eigentlich möchte. Dass Dracula ja offensichtlich Menschen gar nicht töten muss, um sich von ihrem Blut zu ernähren, und man durchaus eine gütliche Einigung mit regelmäßigen Blutspenden erreichen könnte, wird überhaupt nicht in Erwägung gezogen. Stattdessen geht man nun zuerst einmal daran, Lucy von ihrem untoten Dasein zu «erlösen». Arthur Godalming stößt ihr schließlich einen Pflock ins Herz, nachdem es ihr beinahe gelungen wäre, ihn dazu zu überreden, die Ewigkeit mit ihr zu teilen.

Dracula ist allerdings bereits über Lucy hinweg und wendet sich stattdessen Mina zu, während die Männer ohne viel Erfolg versuchen, ihn in London aufzuspüren. Mit Mina feiert er im Gegensatz zu Lucy eine Bluthochzeit, die sie an ihn bindet. Das erweist sich als ziemlich unklug (und beweist, dass er tatsächlich in sie verliebt ist, denn nur jemand, dessen Blick rosa vernebelt ist, könnte so etwas Dummes tun), denn nun kann Mina seine Empfindungen spüren, die Rückschlüsse auf seinen Aufenthaltsort zulassen.

Zwar flüchtet er zurück nach Rumänien, aber die Gruppe der Vampirjäger ist ihm nun stetig auf den Fersen. Kurz bevor Dracula seine Burg wieder erreicht, stellen sie ihn schließlich und können ihn enthaupten.

Für den inneren Goth – düstere Romantik

Eine der wichtigsten Leistungen Bram Stokers für die Nachwelt war nicht einfach, dass er das Bild vereinheitlicht hat, das die ganze Welt seitdem von Vampiren hat, sondern er hat Vampire auch unwiederbringlich mit einer Art düsteren Romantik in Verbindung gebracht. Draculas Liebe zu Mina mag nie erwidert worden sein, aber sie war unbestreitbar echt. Immerhin hat er mit seiner Bluthochzeit zu ihr eine fatale Schwachstelle geschaffen, die seine Feinde ausnutzen konnten. Hätte es die Verbindung zwischen ihr und ihm nicht gegeben, wären van Helsing und die anderen nie in der Lage gewesen, ihn zu finden und zu vernichten.

Zuvor waren Vampire einfach gruselige Untote aus Sagen und Legenden, die den Lebenden ihr Blut aussaugen wollten. Nach Bram Stokers literarischem Siegeszug begann man sie mehr als tragische Figuren zu sehen. Immer noch unbestreitbar Monster, aber mit einer sehr menschlichen Schwäche. Da mögen alle Gegner von *Twilight* sich noch so sehr beschweren, Stephenie Meyer habe ein anständiges Horrorfilm-Monster ruiniert, indem sie es für eine Liebesgeschichte missbraucht hat, aber das war nun wirklich nicht ihre Idee.

Es geht jedoch bei Vampiren nicht allein um die Liebesgeschichte, sondern auch und vor allem um Verführung. Sie stellen eine düstere Verlockung dar, der anständige, verheiratete Frauen wie Mina sich gefälligst zu widersetzen haben. Die von ihrem Verlobten vernachlässigte Lucy mit ihren vielen Verehrern dagegen verfällt ihr vollständig.

Dass die Verwandlung in einen Vampir auch das sexuelle Verderben eines anständigen Mädchens bedeutet, wird in sehr vielen Bearbeitungen des Stoffes bewusst oder unbewusst aufgegriffen. Eine in einen Vampir verwandelte Frau gibt sich immer sofort lasziver, als das zuvor der Fall war, lockt wiederum nichtsahnende Männer mit ihren Reizen in ihren Untergang und trägt in vielen Filmen nur noch tief ausgeschnittene, hauchdünne Kleider.

Das spiegelt sehr deutlich die Angst vor dem sexuellen Erwachen einer Frau oder gar weiblicher sexueller Selbstbestimmtheit wider. Schon im Zusammenhang mit der Lesesucht bei Werther haben wir ja gehört, dass Frauen, die irgendetwas anderes zu sein wagen als brave Mütter und Ehefrauen, direkt zu leidenden Kindern führen. Und so fällt die vampirisierte Lucy auch sehr passend als Vampirin vor allem über Kinder her.

Bei alldem ist es kein Wunder, dass das Bild von Vampiren sich parallel mit der Emanzipation wandelt. Je weniger sexuelle Selbstbestimmtheit von Frauen als etwas Schlechtes gesehen wurde, desto offener konnte man zugeben, dass man die Verführung, die Vampire darstellten, durchaus faszinierend fand. In den Romanen von Anne Rice ab 1976 sind sie bereits die Sympathieträger und Helden der Geschichte. Oft leiden sie nun unter ihrem eigenen Monsterdasein wie zum Beispiel der Vampir Louis in *Interview mit einem Vampir*, der möglichst kein Blut von Menschen trinkt. Allerdings stellte sich später die Figur Lestat, die Anne Rice in *Interview mit einem Vampir* noch als einen Antagonisten entworfen hatte, als der bei den (meist weiblichen) Fans beliebtere Charakter heraus. Lestat geht in seinem Dasein als Vampir auf und genießt es. Es gibt kein schlechtes Gewissen mehr. Er ist der Verführung erlegen und hat Spaß dabei.

Von dort ist es wirklich nur noch ein sehr kleiner Schritt, Vampire und Sex in einen viel direkteren Zusammenhang zu bringen. Stephenie Meyer öffnete dafür die Tore und legte den Grundstein für ein vollständig neues Genre, wie wir im Kapitel über die Twilight-Saga sehen werden.

Dracula aus psychiatrischer Sicht

Bei Dracula finden wir eine Menge spannender Charaktere, von denen jeder einzelne einer eigenen Analyse bedarf. Fangen wir also chronologisch in der Reihenfolge ihrer Auftritte an.

Jonathan Harker – der biedere Buchhalter

Jonathan Harker ist Angestellter eines Maklerbüros, in dessen Auftrag er Reisen in die ganze Welt unternimmt. Als solcher sind ihm Blutsauger und skrupellose Geschäftsleute bekannt, und wenn man sich seine Reiseberichte auf der Fahrt ins Schloss des Grafen Dracula so ansieht, bemerkt man auch einen gewissen überheblichen Blick auf die Einheimischen in Siebenbürgen und ihren Aberglauben. Harker ist ein rationaler Engländer, der sich von nichts einschüchtern lassen will – als Makler kann er sich das auch nicht leisten, wenn er gute Geschäfte machen will. Aber gerade im Umgang mit dem Grafen Dracula wird deutlich, dass Jonathan Harker eben doch nicht skrupellos genug für das Maklergeschäft ist. Er ist vielmehr ein biederer Buchhalter, der seinen Kundenstamm durch gute Beratung an sich zu binden sucht. Er möchte seinem Gegenüber gefällig sein und für sein Wissen geschätzt werden. Deshalb ist er für den Grafen von unschätzbarem Wert – freimütig gibt er ihm sämtliche Informationen während abendlicher Gesprächsrunden, die dieser braucht, um unerkannt in London als Vampir agieren zu können.

Vom Charaktertypus her lässt Jonathan Harker sich am ehesten als ängstlich-angepasster Typus klassifizieren, der Angst davor hat, zurückgewiesen zu werden, und deshalb alles tut, um seinem Gegenüber im vorauseilenden Gehorsam gefällig zu sein – ein Charakterzug, der sich auch später weiterhin zeigen wird. In einem zivilisierten Land kann man auf diese Weise vermutlich gute Geschäfte im Dienstleistungsbereich machen, aber im Umgang mit Vampiren, echten Immobilienhaien, die das Zeug haben, sogar amerikanischer Präsident zu werden, oder sonstigen Despoten ist diese Umgangsstrategie eher hinderlich. Harker wird im wahrsten Sinn des Wortes – aber auch im übertragenen Sinn – zum Gefangenen des Grafen, weil er nicht den Mut hat, für sich und seine wahren Bedürfnisse einzustehen. Er kann die Gefahr nicht benennen, aber seine Angst hindert ihn daran, Dracula zur Rede zu stellen. Das rettet ihm unter Umständen vielleicht das Leben, denn man weiß nicht, was Dracula gemacht hätte, wenn Harker von Anfang an energischer aufgetreten wäre – vielleicht hätte er ihn getötet, vielleicht aber auch seine Strategie gewechselt –, immerhin wollte Dracula ja etwas von Harker.

Aber zugleich zeigt es auch eine Schwäche auf, dass Harker eher der Typus ist, der sich unterordnet. Er überlässt dem Kontrahenten kampflos sogar seine Verlobte – er erobert Mina am Schluss nicht zurück, sondern Mina entscheidet sich für ihn, weil sie ihn liebt. Vermutlich hätte Harker es bei seinem Charakter auch schulterzuckend akzeptiert, wenn sie Dracula geheiratet hätte, und wäre noch ihr Trauzeuge geworden. Die Jagd auf Dracula ging nicht von Harker aus, sondern stets von anderen. Dass Mina ihn am Schluss behält, ist die logische Konsequenz – er ist ein pflegeleichter, gehorsamer Ehemann, der macht, was man ihm sagt. Und Dracula ist ohnehin am Ende tot – keine Konkurrenz mehr.

Dracula – der lange Zeit unverstandene Fürst der Nacht

Dracula ist nicht nur der Namensgeber der Novelle, sondern er ist – obgleich eigentlich tot – ihr schlagendes Herz, das ihr das Leben einhaucht. Dracula ist ein zielstrebiger Charakter voller Leidenschaft, der für seine Ziele alles gibt. Sinnbildlich wird sein Blutdurst für die Leidenschaft gesetzt. Er ist sexuell attraktiv, düster und geheimnisvoll, stark – und wenn er liebt, dann liebt er aus ganzem Herzen. Er liebt Mina aufrichtig und würde ihr nichts tun – er schützt sie und will sie auf seine eigene unsterbliche Ebene heben.

Schließlich wird Dracula auch noch das Opfer einer ausgeprägten Fremdenfeindlichkeit in England, da man ihn weder als Vampir akzeptiert noch versucht, mit ihm in Kontakt zu treten und alternative Lösungsmöglichkeiten zu finden, die eine friedliche Co-Existenz möglich machen. Passenderweise geht die Fremdenfeindlichkeit Dracula gegenüber ganz besonders von zwei Ausländern aus – dem Holländer Doktor Abraham van Helsing und dem Amerikaner Quincey Morris. Die Engländer selbst sind in dieser Geschichte eher zurückhaltend – möglicherweise hätte Dracula sich mit ihnen in irgendeiner Weise arrangieren können, auch wenn Arthur Godalming ziemlich sauer sein dürfte, dass Dracula seine Verlobte in einen Vampir verwandelt hat. Andererseits bietet die verwandelte Lucy Arthur später an, ihn ebenfalls zu verwandeln, und Arthur ist kurz davor, zuzustimmen, wird aber von dem rassistischen und vampirfeindlichen Holländer dazu genötigt, ihr einen Pflock ins Herz zu treiben und den Kopf abzuschneiden. Dracula selbst ist also ein unverstandener Außenseiter, den man einfach als das «Böse» personifiziert, anstatt sich mit ihm auf intellektueller Ebene auseinanderzusetzen. Das ist auch klassisch für seine Zeit – im 19. Jahrhundert wurden andere Menschen gern noch als Untermenschen klassifiziert, wenn sie nicht demselben Volksstamm angehörten. Man denke nur an afrikanische, amerikanische und australische Ureinwohner, deren Schädel sogar als Sammlungsobjekte in Museen begehrt waren, weil man in ihnen nicht den Menschen sah. Und weiße Frauen, die sich mit ihnen einließen, wurden ebenso gebrandmarkt, wie Mina durch das Mal ihrer «Bluthochzeit» mit Dracula gebrandmarkt ist. Das Andersartige ist der Feind, keine Bereicherung. Alles, was man nicht versteht, muss vernichtet werden. Und so auch Dracula. Vampire wurden erst mehr als hundert Jahre später gesellschafts- und heiratsfähig.

Mina – das Opfer des Dreieckskonflikts

Mina Harker ist eine selbstbewusste, intelligente Frau. Sie verkörpert Mut und Leidenschaft. Sie kämpft um Jonathan, nicht umgekehrt. Aber als sie Dracula begegnet, ist sie ihm im Originalroman auch nicht wirklich abgeneigt. Interessant ist dabei Folgendes – sobald sie Dracula verbunden ist, führt sie kein Tagebuch mehr. Warum nicht? Nun, es könnten vielleicht unschöne Wahrheiten an den Tag kommen, die einer verheirateten englischen Dame nicht ziemlich sind. Sie ist hin- und hergerissen zwischen ihrem biederen, aber blutleeren Jonathan, der alles tut, was sie ihm sagt, und dem leidenschaftlichen Dracula, der sich nimmt, was er will. Und sie kann sich nicht entscheiden – will sie selbst über Jonathan herrschen oder will sie in einem steten, leidenschaftlichen Kampf um die Vorherrschaft mit Dracula leben? Beide Beziehungen haben Vor- und Nachteile für eine Frau wie Mina. Kinder und Sonnenbäder am Strand sind an Draculas Seite nicht möglich, aber dafür kann sie bis in alle Ewigkeit leidenschaftliche Mondscheinnächte genießen. Andererseits kann man nicht mehr in schicken Lokalen essen gehen, sondern ist dazu verdammt, in schmutzige Hälse zu beißen.

Keine einfache Entscheidung, zumal es noch keine Blutkonserven gab, die eine stilvollere Ernährung möglich machten, wie sie die Vampire des späten 20. und frühen 21. Jahrhunderts wählen konnten. Mina ist eine Frau, die an den Fesseln des viktorianischen Englands zu ersticken droht, aber sich dennoch anpasst. Sie weiß, dass sie den richtigen Mann braucht, um in dieser Welt als Frau angemessen zu überleben. Der willfährige Jonathan, der tut, was man ihm sagt, ist da schon optimal – Engländerinnen sind ja ohnehin bekannt dafür, dass sie in den Ehen die Hosen anhaben, wenn sie nicht gleich selbst als Königin oder eiserne Lady das Regierungszepter schwingen. Aber sie sind keine leidenschaftlichen Kämpferinnen. Wäre Mina eine Französin gewesen, dann hätte Jonathan vermutlich von Anfang an verloren, und Dracula wäre als strahlender Beziehungssieger, zu dem sie sich auch offen bekannt hätte, hervorgegangen. Nicht umsonst ist einer der ersten Filme, die Dracula als menschlichen Charakter darstellen, die französische Komödie *Die Herren Dracula* mit Christopher Lee als Dracula, der heiratet und einen (etwas missratenen) Sohn hat. Hier wird Dracula erstmals als der Familienmensch gezeigt, der er hätte sein können, wenn er die Möglichkeit gehabt hätte, eine wahrhaft leidenschaftliche Frau zu finden, die zu ihm steht. Aber davon ist die rationale Mina trotz des brodelnden Vulkans in ihrer Brust noch weit entfernt – als Angehörige eines Kolonialvolks kann sie sich nicht vollständig von allen Vorurteilen frei machen und mit Dracula eine ernsthafte Beziehung eingehen, das ist in den Augen ihres Umfelds ja fast so schlimm, wie mit einem Inder oder Afrikaner auf gleicher Ebene zu verkehren. Und so verzichtet Mina auf die Leidenschaft und große Liebe, sondern bleibt bei dem, was sie kennt – dem blutleeren englischen Buchhalter, mit dem sie dann auch am Schluss ein Kind hat.

Lucy – die leidenschaftliche Frau

Lucy ist ganz anders als ihre Freundin Mina. Sie ist leidenschaftlich und unschuldig zugleich. An einem Tag bekommt sie gleich drei Heiratsanträge – von einem britischen Psychiater namens Doktor Seward, von dem Amerikaner Quincey Morris und von Lord Arthur Godalming. Natürlich wählt sie – britische Lady, die sie ist – den englischen Lord. Die hatten damals ein besseres Ansehen als Irrenärzte und galten als kultivierter als rüde Amerikaner. Aber im Gegensatz zu Mina kann Lucy sich der Leidenschaft nicht entziehen – sie bittet Dracula in ihr Leben und gibt sich ihm hin. Sie will alles vom Leben haben, sehnt sich nach Freiheit und sexueller Erfüllung. Als Vampirin kann sie dies alles haben, weshalb ihr die Wahl nicht schwerfällt. Nachdem die Affäre mit Dracula vorbei ist, ist sie deshalb auch nicht sauer, sondern bietet stattdessen Arthur an, ihr Vampirleben zu teilen. Möglicherweise hegt sie die Hoffnung, auch in ihm ein leidenschaftlicheres Feuer wecken zu können, wenn Blutgier mit Sexualität gleichgesetzt wird. Und Arthur ist dem nicht abgeneigt – zumal er einen Adelstitel hat und als «Lord Godalming» bestimmt einen guten Vampir alter Schule abgegeben hätte. Wäre da nicht Doktor van Helsing gewesen, der es nicht mitansehen kann, wenn eine Frau selbständig entscheidet, was sie begehrt, und Arthur somit zum «Ehrenmord» an seiner Vampir-Verlobten auffordert. Und Arthur – Engländer des 19. Jahrhunderts – entscheidet sich für seine Erziehung und tötet die leidenschaftliche Frau – und damit letztlich auch seine eigene Seele, denn was ihm nun nur noch bleibt, ist die Projektion seines Selbsthasses auf Dracula.

Lucy ist somit als leidenschaftliche Frau nicht das Opfer des Verführers Dracula, sondern das Opfer von Moralvorstellungen, die alles töten, was nicht in ihr Weltbild passt. Denn tatsächlich hat Lucy nichts Böses als Vampir getan. Sie hat zwar kleine Kinder gebissen, aber sie hat sie weder getötet noch verstört. Die Kinder erzählten später, sie hätten mit «dem schönen Gespenst» gespielt, und einige wollten zur Verwunderung der Vampirjäger erneut mit dem schönen Gespenst spielen. Lucy war keine Mörderin, sie war eine normale, junge Frau, die ihren Leidenschaften nachgab und dadurch selbst Opfer eines Ehrenmordes wurde.

Doktor Seward, der hilflose Psychiater

Doktor Seward leitet eine psychiatrische Anstalt und ist in Lucy verliebt. Er kann mit ihrer Ablehnung gut umgehen, zumal er mit Arthur befreundet ist. Möglicherweise hat er ihr den Antrag auch nur gemacht, weil er als rationaler Charakter glaubte, es sei an der Zeit zu heiraten und sie sei eine geeignete Kandidatin. Doktor Seward ist ein eher blasser Charakter, der in seiner Arbeit als Psychiater aufgeht. Dabei wäre er der Einzige, der wirklich Grund hätte, auf Dracula sauer zu sein, denn Dracula dringt in seine Anstalt ein und beeinflusst einen der Patienten, einen gewissen Renfield. Durch diese Beeinflussung verschlechtert sich Renfields Zustand zusehends, und am Schluss bricht Dracula Renfield auch noch das Genick, als der ihn zu verraten droht. Ein Psychiater, dem seine Patienten am Herzen liegen, kann so etwas natürlich nicht durchgehen lassen. Allerdings ist Doktor Seward kein Psychiater, wie wir sie heute kennen, sondern er gehört noch der alten Schule an und betrachtet seine Schutzbefohlenen eher als Studienobjekte. Anstatt dem verzweifelten Renfield in der Verstrickung mit Dracula zu helfen, führt er lieber akribisch Buch über dessen Verhalten. Renfield als Geisteskranker ist für Doktor Seward auch nicht mehr wert als ein afrikanischer Ureinwohner – es sind Subjekte, die der überlegenen Rasse neue Erkenntnisse liefern sollen. Doktor Seward ist ein sehr rationaler, beinahe schizoider Charakter, der Gefühle nicht in ihrer vollständigen Intensität wahrnehmen kann. Verstärkt wurde dieses Verhalten noch während seines Studiums, denn da war sein Lehrer der Holländer Doktor van Helsing, und so ist auch Doktor Seward derjenige, der seinen alten Lehrer hinzuzieht und damit einem Psychopathen Tür und Tor öffnet.

Doktor Abraham van Helsing – der Psychopath

Doktor van Helsing weist alle Züge eines klassischen Psychopathen auf. Er zeigt keinerlei Emotionen, ist gefühlskalt, die Empfindungen anderer sind ihm herzlich gleichgültig, wenn es darum geht, sein Ziel zu erreichen.

Ihm geht es vor allem um Macht – möglicherweise hat er auch sadistische Züge und zieht seine innere Befriedigung aus dem Töten, aber da er ein sozial angepasster Psychopath ist, sucht er nach einer sozialverträglichen Art, seine Triebe auszuleben. Als Arzt ist er per se Herr über Leben und Tod, aber in einer sichereren Position als beispielsweise als Soldat. Und er verdient deutlich mehr als ein Henker – eine weitere Möglichkeit, wie man diesen Trieb damals hätte ausleben können. Durch seine Spezialisierung auf Vampire kann er seinen Vernichtungstrieb positiv umdeuten – er tötet ja das Böse. Mit ähnlichen Argumenten wurden in Amerika Prämien auf die Abschüsse von Indianern gerechtfertigt, die man nicht als Menschen, sondern als Wilde ansah. Passend dazu ist der einzige Amerikaner an Bord, Quincey Morris, auch der beste Schütze und tapferste Kämpfer und steht van Helsing loyal zur Seite.

Van Helsings Vernichtungstrieb offenbart sich schon der geschwächten Lucy gegenüber, indem er ihr sowohl sein eigenes Blut als auch das ihrer drei Verehrer transfundiert. Nun muss man ihm zugutehalten, dass die Blutgruppen erst rund fünfzig Jahre später entdeckt wurden, aber auch Doktor van Helsing müsste sich über die Risiken einer Bluttransfusion im Klaren gewesen sein, die bei Inkompatibilität immer zum Tod führt. Hier stellt sich sogar die Frage, ob Dracula Lucy nicht sogar die Existenz gerettet hat (von Leben wollen wir nicht sprechen, da vampiristisches Leben wissenschaftlich umstritten diskutiert wird), weil sie ohne sein Eingreifen zweifelsohne an den Inkompatibilitäten der Bluttransfusionen verstorben wäre. Van Helsing projiziert seine medizinischen Experimente jedoch auf Dracula als Verursacher – als klassischer Psychopath sucht er einen Schuldigen, und es gelingt ihm somit, jegliche Verhandlungsgrundlage von vornherein zu zerstören. Er ist davon überzeugt, dass Dracula vernichtet werden muss, andere Alternativen werden gar nicht erst diskutiert. Und so treibt van Helsing die Gruppe in den Krieg gegen Dracula, der sich immer weiter zurückzieht.

Aber sie begnügen sich nicht mit seiner Vertreibung aus

England, nein, sie setzen ihm auch noch in seiner Heimat nach, bringen seine drei Frauen um und geben erst Ruhe, nachdem auch er vernichtet wurde. Hier wird die ganze Raserei des Kolonialvolkes spürbar (man darf die koloniale Geschichte der Niederländer nicht vergessen, auch wenn darüber heute nicht mehr geredet wird – damals waren die Niederlande nicht so unbedeutend wie heute). Ohne den Psychopathen van Helsing hätte die Geschichte vielleicht einen anderen Verlauf genommen und schon früher zu einer friedlichen Koexistenz von Mensch und Vampir geführt. Aber noch war die Zeit dafür nicht reif, noch war die Menschheit nicht durch die Feuertaufe zweier großer Weltkriege gegangen, noch war es legitim, die Welt in echte Menschen und Wilde einzuteilen. Noch war es legitim, das zu töten, was man nicht verstand. Noch durften Psychopathen ihre kranken Ideen ungebremst und überall ausleben und wurden nicht einmal als solche erkannt, sondern sogar noch als Helden gefeiert, weil sie – wie van Helsing – über das unnachahmliche Talent verfügten, ihre eigenen Fehlhandlungen als das einzig Mögliche und Richtige darzustellen.

***Wie hätte die Lösung ausgesehen,
wenn sich alle Beteiligten unter
therapeutischer Leitung in einer Gruppe
zusammengesetzt hätten?***

Nun, vermutlich hätte man die Entwicklung von *Twilight* einfach vorweggenommen. Die Ungerechtigkeit, die im Kampf van Helsings gegen Dracula liegt, wurde in den 1970er Jahren immer deutlicher. Der Zweite Weltkrieg lag mit allen

Schrecken hinter uns, es ging darum, Blöcke zu überwinden, gegen Diskriminierung und Rassismus zu kämpfen.

Betrachten wir noch einmal den Anfang der Geschichte. Wenn Jonathan Harker Dracula direkt auf sein «Anderssein» in seinem Schloss angesprochen hätte, hätte er ihm viel bessere Tipps geben können, wie man friedlich in England leben kann. Muss es wirklich Menschenblut sein? Kann Tierblut eine Alternative sein? Und wenn nicht, gäbe es nicht einige Menschen, die gegen Geld freiwillig als Spender in Frage kämen? Schließlich gab es viele Armenhäuser, und Dracula war vermögend. Außerdem hätte er sich dafür bezahlen lassen können, sterbenskranke Menschen zu verwandeln. Man hätte lukrative Finanzierungs- und Geschäftsmodelle finden können. Wäre Harker ein echter Makler mit Biss gewesen, hätte er tolle Geschäfte abschließen können und wäre als Held gefeiert worden.

Lucy und Arthur hätten ein glückliches Leben gehabt, entweder als Menschen, falls Lucy nicht gestorben wäre – es bleibt ja unklar, ob sie nun durch Dracula starb oder die fehlerhaften Bluttransfusionen van Helsings –, oder als leidenschaftliches Vampir-Ehepaar. Dass solche Ehen langfristig glücklicher als menschliche Durchschnittsehen sind, wissen wir seit *Twilight*. Doktor Sewart hätte sich auf die Beobachtung der neuen Verhaltenskonstellationen zwischen Menschen und Vampiren spezialisieren können. Verhaltensbeobachtungen lagen ihm ja. Quincey Morris wäre quicklebendig nach Amerika zurückgekehrt. Van Helsing hätte Bücher über Vampirismus schreiben können. Und Mina hätte sich in Ruhe überlegen können, wer nun besser zu ihr passt – Jonathan oder Dracula. Vielleicht hätten sie auch eine moderne Ehe zu dritt geführt, in der sie sich hätten ergänzen können, zumal Dracula ja keine Kinder zeugen konnte. Er hätte dann trotzdem eine Vaterrolle übernehmen können für das Kind von Mina und Jonathan. Jonathan hätte dem schon zugestimmt, da er ja immer das macht, was andere ihm sagen ...

Hätte man nur miteinander vernünftig geredet und ernsthaft nach Kompromissen gesucht, hätte *Dracula* der Beginn einer ganz neuen, heilen Weltgeschichte ohne Tod und Schmerz werden können. Und für alle, die meinen, die Welt wäre dann irgendwann überbevölkert – denken Sie im Gegenzug an die neuen Möglichkeiten, wenn Vampire zu Astronauten werden. Wer unsterblich ist, kann auch jahrtausendelange Reisen zu fernen Galaxien auf sich nehmen. Denken Sie an all das, was wir hätten entdecken können – ein *Star-Trek*-Universum der Vampire in friedlicher Koexistenz. Man muss nur offen miteinander reden, und alles ist möglich!

SHERLOCK HOLMES –
Genie und Arschloch

Arthur Conan Doyles *Sherlock-Holmes*-Geschichten führten als eines der ersten Werke zu einem Phänomen, das wir heute ein Fandom nennen. Sie hatten nicht bloß Unmengen begeisterter Leser, von denen viele nur Holmes wegen das *Strand-Magazine* abonniert hatten, in dem die Geschichten erschienen. Diese Leser hingen zudem so sehr an ihrem liebsten fiktiven Charakter, dass sie nach dessen literarischem Tod schwarze Bänder als Zeichen ihrer Trauer trugen. (Und zu Tausenden ihr *Strand-Magazine*-Abo kündigten. Der damalige Redakteur des Magazins hatte sicher noch lange Albträume von diesem Tag.) Noch Jahre später bekam Arthur Conan Doyle Briefe seiner Fans, die um eine Fortsetzung seiner Geschichten baten, bis er schließlich nachgab und Holmes von den Toten zurückholte.

Damit waren sie das erste Fandom, dem dieser Trick gelungen ist. Erst über fünfzig Jahre später sollte den *Star-Trek*-Fans ein ähnliches Kunststück glücken, als sie eine Serie, die eigentlich hatte eingestellt werden sollen, durch Proteste und Briefe vor ihrem Ende bewahrten.

Die Abenteuer des Sherlock Holmes sind außerdem die ersten Geschichten, in denen wissenschaftliche Methoden zur Aufklärung eines Falls verwendet wurden. Wie man davor dann überhaupt Verbrechen aufgeklärt hat? Nun ja, oft genug nicht sonderlich erfolgreich. Es hat wohl seine Gründe, warum Jack the Ripper nie geschnappt wurde. Sherlock Holmes wäre das sicher nicht passiert.

Von der Baker Street 211B bis zu den Reichenbachfällen

Es hat wenig Sinn, jeden Fall von Sherlock Holmes einzeln zusammenzufassen. Immerhin umfasst das Werk von Arthur Conan Doyle vier Romane und 56 Erzählungen. Hier allerdings für alle, die das eventuell noch nicht wissen, die Grundlagen:

Die Abenteuer des Detektivs werden größtenteils aus der Sicht von Dr. Watson erzählt, Holmes ständigem Begleiter und zeitweise auch Mitbewohner. Watson ist Arzt und kehrt krank und verwundet aus dem Krieg nach London zurück, wo er auf der Suche nach einer Bleibe Holmes trifft. Dieser hat ein Apartment angemietet, das für ihn allein zu teuer ist, und sucht einen Mitbewohner.

Watson ist das, was man eine Identifikationsfigur nennt, eine Figur, die dem potenziellen Leser möglichst ähnelt und ihm damit den Einstieg in die Geschichte erleichtert. Mit dem brillanten und oft verschrobenen Holmes würden viele Leser nur wenige Gemeinsamkeiten finden. Holmes ist zwar interessanter, aber auch so viel seltsamer, dass man ihn eher aus einer Außenperspektive betrachtet. In den bodenständigen Watson kann man sich dagegen leicht hineinversetzen, man kann sich mit ihm identifizieren. Daher der Name. Watson ist sozusagen der Platzhalter für den Leser.

Sherlock Holmes selbst beginnt als Chemiestudent, dessen Ziel es ist, die wissenschaftliche Methode in das Lösen von Kriminalfällen einzubringen. Er sucht nach Spuren und ist ein sehr genauer Beobachter. Oft enden die Fälle damit, dass er Watson erklären muss, wie er auf die Lösung gekommen ist, weil niemand mit seinem genialen Geist mithalten kann. Die meisten Leute lassen ihm sein exzentrisches Verhalten durchgehen, weil sie es als Ausdruck seiner Genialität verstehen. Meist verhält er sich vernunftgesteuert und kalt, aber als Watson einmal angeschossen wird, zeigt Holmes so viel Sorge um sein Wohlergehen, dass Watson ganz gerührt ist. Eine wahre Männerfreundschaft, in der man nur unter den extremsten Umständen zeigen darf, wie tief man einander verbunden ist.

Die Fälle, die die beiden lösen, sind nicht ausschließlich Kriminalfälle. Arthur Conan Doyle selbst schätzt, dass etwa in einem Viertel der Geschichten gar kein Verbrechen begangen wurde. Es geht auch darum, vermisste Personen wieder aufzufinden, zwischenmenschliche Probleme zu lösen und alte Geheimnisse aufzudecken.

Sherlock Holmes' Ruf ist bald so gut, dass nicht nur viele Menschen zu ihm kommen, um ihn um Hilfe zu bitten, sondern auch Scotland Yard zieht ihn immer wieder zu scheinbar unlösbaren Fällen hinzu, und hin und wieder wird er sogar für die britische Regierung tätig.

Es gibt wenige Fälle, die er nicht lösen kann. Einer davon findet sich in *Ein Skandal in Böhmen*, wo der König von Böhmen Holmes anheuert, um Beweise für eine Affäre mit Irene

Adler sicherzustellen, mit denen sie versuchen könnte, ihn zu erpressen. Irene Adler ist eine ehemalige Opernsängerin, Schauspielerin und Abenteurerin, und die Affäre mit ihr könnte dafür sorgen, dass die bevorstehende Hochzeit des Königs platzt. In Verkleidung erlangt Holmes Zugang zu Irene Adlers Wohnung und bringt sie dazu, zu verraten, wo sie ein Foto versteckt hat, das sie mit dem König zeigt. Bevor er es jedoch sicherstellen kann, entkommt sie mit dem Foto und lässt an seiner Stelle eines zurück, das sie alleine zeigt. In einem Brief beschreibt sie, wie sie Holmes trotz seiner Verkleidung erkannt hat, und erklärt, dass sie vorerst kein Interesse daran hat, den König zu erpressen. Anstatt sich über die Niederlage zu ärgern, ist Holmes sehr beeindruckt, dass sie es geschafft hat, ihn auszutricksen. Als gelangweiltes Genie freut man sich wohl über jede ernsthafte Herausforderung. Das Foto von ihr behält Holmes, und Watson beschreibt, wie er es hin und wieder betrachtet.

Eine der wenigen anderen Personen, die Holmes je das Wasser reichen konnten, ist James Moriarty. Obwohl er nur in zwei Holmesgeschichten auftaucht, gilt er gemeinhin als Holmes' Erzfeind. Er ist ein Verbrechergenie, das andere Verbrecher gegen einen Anteil an ihren Einnahmen unterstützt. Er ist ähnlich brillant wie Holmes und hatte vor dem Beginn seiner Verbrecherkarriere einen Lehrstuhl an einer kleineren Universität inne. Abgesehen davon, dass ihm die Tendenz zum Bösen angeblich im Blut liegt, wird nie erklärt, warum er eigentlich begonnen hat, sich illegalen Geschäften zuzuwenden. Als Professor lebt es sich immerhin auch nicht schlecht, und mit so viel Intelligenz hätte er ja auch Politiker oder ein erfolgreicher Geschäftsmann werden können. Aber das wäre wohl langweilig gewesen. Wer will sich schon mit Studenten rumschlagen, wenn er auch in düsteren Geschäften die Fäden ziehen kann?

Eine der Spezialitäten von Moriarty liegt beispielsweise darin, Unfälle zu inszenieren, mit denen er Leute aus dem Weg räumt, die er beseitigen will. Jeder braucht eben seine eigene Art, sich kreativ auszuleben.

Geleitet von der Beobachtung, dass viele Verbrechen in London miteinander im Zusammenhang zu stehen scheinen, kommt Holmes ihm langsam auf die Schliche. Als er kurz davorsteht, Moriartys Verbrechensorganisation zu entlarven, holt Moriarty zum Gegenschlag aus, und Holmes muss nach Europa fliehen. In der Schweiz holt sein Erzfeind ihn schließlich ein, und im Kampf stürzen die beiden die Reichenbachfälle hinab.

Ein Ende mit Hindernissen

Ursprünglich war das als das Ende Holmes' vorgesehen, da Arthur Conan Doyle sich mehr seinen historischen Romanen widmen wollte. Acht Jahre lang widersetzte er sich den Bitten seiner Leser, weitere Holmes-Geschichten zu schreiben. Als er schließlich nachgab, entstand zuerst *Der Hund von Baskerville*, der vor Sherlock Holmes' Tod spielt. Schließlich aber holte er seinen berühmten Detektiv von den Toten zurück, indem er erklärte, dieser habe sich im letzten Moment aus Moriartys Griff befreien können und dann seinen Tod vorgetäuscht, um seine Feinde von seiner Spur abzubringen.

Bis 1927 entstanden weitere Holmes-Geschichten, und obwohl Watson zwischendurch geheiratet hatte und aus dem gemeinsamen Apartment ausgezogen war, leben die beiden am Ende auch wieder zusammen an der berühmten Adresse. Es geht eben einfach gar nichts über echte Männerfreundschaft.

Als Wissenschaft noch alle Probleme lösen konnte

Man kann über die Menschen im viktorianischen England zu Arthur Conan Doyles Zeiten einiges Negative sagen. Der Kolonialismus wäre da zum Beispiel zu nennen. Es gibt kaum etwas Arroganteres als einen viktorianischen Engländer, der meint, seine Kultur sei die einzig wahre und er müsse sie all den «Wilden» auf der Welt näherbringen. Aber der Glaube an die eigene Fortschrittlichkeit und Überlegenheit sorgte auch dafür, dass man meinte, durch ebenjene Fortschrittlichkeit so gut wie alle Probleme lösen zu können. Die Überzeugung, dass die Möglichkeiten der Wissenschaft endlos waren, war zu dieser Zeit sehr präsent. Man hatte immerhin gerade Dampfmaschinen und elektrisches Licht erfunden. Wer wusste schon, was als Nächstes kommen würde? Fliegende Autos, Roboter-Diener, Kolonien auf dem Mond? All das Zeug, worauf wir immer noch warten, schien zum Greifen nahe.

Genau deshalb war es nur logisch, dass die Wissenschaft auch dazu verwendet werden konnte, Verbrechen aufzuklären. Und unrecht hatte Arthur Conan Doyle damit natürlich nicht, immerhin ist moderne Polizeiarbeit in vielerlei Hinsicht genau das, auch wenn normalerweise kein Ermittler auf den ersten Blick sagen kann, wie oft jemand Geige spielt. Aber der Gedanke war ganz eindeutig ein Kind seiner Zeit.

Sherlock Holmes aus psychiatrischer Sicht

Sherlock Holmes, der Asperger-Autist

Der Charakter von Sherlock Holmes zeigt viele Eigenschaften, aufgrund derer man ihn heute unverzüglich zum Therapeuten schicken würde, um zu testen, ob bei ihm ein Asperger-Autismus vorliegt.

Menschen mit Asperger-Syndrom haben Einschränkungen in der sozialen Interaktion, der sozialen Kommunikation und dem sozialen Verständnis. Außerdem verarbeiten sie Sinnesreize anders, haben intensive und oft sehr spezielle Interessen und ein Bedürfnis nach Beständigkeit. Menschen mit Asperger-Syndrom neigen zum Konkretismus und interpretieren Dinge oft wörtlich. Bei Sherlock Holmes fällt auf, dass er durch diesen Konkretismus häufig einen Blickwinkel einnimmt, der ihn zu einer Lösung führt, die anderen verborgen bleibt. Es fällt Asperger-Autisten auch schwer, Gesichtsausdruck und Körpersprache ihres Gegenübers im korrekten sozialen Kontext zu interpretieren, was zu Missverständnissen führt. Sherlock Holmes gleicht diesen Nachteil dadurch aus, dass er sich aus den Details, die er durch seine besondere Sinneswahrnehmung erfährt, selbst ein

Bild der Person macht, die ihm gegenübersteht. Da er dabei nicht auf das achtet, worauf normale Menschen achten, findet er auch hier wieder interessante Details, die anderen verborgen bleiben. Andererseits tritt er durch sozial unangemessenes Verhalten des Öfteren in Fettnäpfchen, aus denen Doktor Watson ihn dann wieder rausziehen muss.

Mit der Beziehungsgestaltung hat Sherlock Holmes ebenfalls Schwierigkeiten. Als jemand, der die Beständigkeit liebt, ist ihm Doktor Watson der liebste WG-Partner. Mit ihm hat er eine Beziehung, ohne eine Beziehung zu haben – geradezu ideal. Auch seine Beziehung zu Irene Adler muss unter diesen Vorzeichen gedeutet werden – er hat eine Beziehung aus der Ferne, er schwärmt für sie, aber er muss sich nicht der Realität stellen. Er kann mit dem seligmachenden Gefühl leben, dass es irgendwo die perfekte Frau für ihn gibt, aber die Zeit für eine echte Beziehung ist noch nicht reif. Dass die Zeit dafür niemals reif sein wird, ist irrelevant, ja vielleicht sogar eher entlastend für einen Charakter wie Holmes.

Bemerkenswert ist auch, dass Holmes eine Suchtstruktur hat. Auch das passt zur Reizüberflutung, die oftmals bei Menschen mit Asperger-Syndrom besteht. Er konsumiert Kokain, weil es ihm guttut, wenn er sich langweilt. Als Doyle beim Schreiben der Geschichten mit den neuesten wissenschaftlichen Erkenntnissen konfrontiert wurde, nämlich dass Kokain abhängig machte, setzte er Holmes umgehend auf Entzug. Vermutlich war das Sherlock Holmes gar nicht recht, aber er konnte sich schlecht dagegen wehren.

Interessant ist vor diesem Hintergrund noch, dass Doyle einen Charakter erschafft, in dem man zwar eindeutige Hinweise auf das Asperger-Syndrom findet, allerdings war dieses Störungsbild in der Medizin noch gar nicht bekannt. Erst Mitte der 1920er Jahre wurde dieses Syndrom in der Psychiatrie diskutiert und schließlich 1926 als «schizoide Psychopathie» bekannt. Der österreichische Kinderarzt Hans Asperger reichte 1943 seine Habilitationsschrift zu dem Thema ein und nannte es «autistische Psychopathie». Später gab man dem Syndrom dann seinen Namen.

Aber auch wenn diese Symptome zu Doyles Zeiten noch nicht unter einer Diagnose subsumiert werden konnten, gab es natürlich trotzdem schon immer Leute mit entsprechenden Symptomen, und die Tatsache, dass Doyle seinen Holmes genau so beschreibt, spricht dafür, dass er möglicherweise Menschen mit diesen Symptomen in seinem Umfeld kannte.

Doktor Watson – der leidensfähige Arzt

Der Charakter von Doktor Watson ist auf den ersten Blick so normal, dass er schon fast langweilig ist als Gegenpart zum brillanten, schillernden Holmes. Allerdings kann man in ihm auch Züge einer abhängigen Persönlichkeitsstruktur erkennen – er braucht jemanden, an dem er sich orientieren kann, jemanden, der ihm sagt, was er tun soll. Dadurch, dass er sich selbst als Beobachter sieht, der von der schillernden Genialität Holmes' fasziniert ist, bleibt es Watson erspart, selbst Verantwortung zu übernehmen. Lieber akzeptiert er die Marotten seines Freundes und rationalisiert sein eigenes Zurückstecken mit der Idealisierung dieser Freundschaft. Anstatt selbst Verantwortung zu übernehmen, folgt er dem Idol Holmes, bleibt sich selbst aber treu, indem er manchmal ein etwas kopfschüttelnder Beobachter ist, auch wenn er von der Genialität Holmes' überzeugt ist. Im Zweifelsfall steht er sowieso immer fest zu seinem Freund.

James Moriarty –
Holmes' dunkles Spiegelbild

In der Figur des James Moriarty finden wir gleich den zweiten Asperger-Autisten. Er hat jedoch eine etwas destruktivere Art, mit seinen sozialen Einschränkungen umzugehen, indem er sich durch Verbrechen seine Mitmenschen einerseits vom Leib hält, sie aber andererseits als glühende Anhänger um sich versammelt (andere Verbrecher), ohne dass er als geniales Oberhaupt dazu genötigt wäre, enge Beziehungen aufnehmen zu müssen. Er ist somit sicher in seiner eigenen Elfenbeinturm-Welt. Zeitgleich hat er eine tiefe Bindung zu Sherlock Holmes als seinem geistigen Zwilling – oder auch als Kehrseite der Medaille. Die Genialität von Holmes fordert ihn dazu heraus, selbst immer mehr über sich hinauszuwachsen – in einer unheilvollen Verschmelzung, die schließlich zum Showdown an den Reichenbachfällen führt. Die dunkle Beziehung der Beziehungsgestörten findet hier ihre Vervollkommnung – auch wenn Doyle sie später auf Druck der Fans revidierte.

Irene Adler – das ferne Idealbild

Irene Adler ist ein schwer zu fassender Charakter – sie bleibt ein fernes, aber geniales Ideal. Wir erleben sie durch Holmes' Augen, und somit kommen wir ihr selbst nicht wirklich nahe. Wir wissen nichts über sie – ist sie selbst eine Autistin wie Holmes oder einfach nur eine skrupellose, emanzipierte Frau, die sich nimmt, was sie will? Für eine psychiatrische Analyse bietet sie nicht viele Angriffspunkte – und vielleicht ist sie gerade deshalb so geeignet, um die unerreichbare, idealisierte Projektionsfläche der großen Liebe für Sherlock Holmes zu werden.

VIERTE ETAPPE DER WELTLITERATUR: 20. JAHRHUNDERT

Das 20. Jahrhundert brachte die große Ernüchterung. Zwei Weltkriege, die aufgrund der zuvor so bejubelten neuen Technik brutaler und tödlicher waren als jeder Krieg zuvor, ließen die Menschen desillusioniert zurück. Teils sehnte man sich deswegen sehr nach einfacher scheinenden Zeiten zurück.

Allerdings machte man auch weiter Fortschritte. Man lernte, miteinander zu reden, und auch wenn es sicher nicht schön war, dass ein signifikanter Prozentsatz an Männern im Krieg fiel, so gab dies immerhin den Frauen die Gelegenheit, allen zu beweisen, dass sie Männerjobs genauso gut selbst erledigen konnten. Nachdem man die Kriege dann endlich größtenteils hinter sich hatte, schaute man daher auch für eine Weile eher positiv in die Zukunft.

DIE VERWANDLUNG –
Schrecken aller Schüler

Franz Kafka kann einem eigentlich leidtun. Er hatte ein sehr schlechtes Verhältnis zu seinem viel zu strengen Vater, hing zeit seines Lebens in einem langweiligen Bürojob fest und starb dann früh nach langer Krankheit. (Wobei man debattieren kann, ob Letzteres nicht ein Glücksfall für ihn war, immerhin starb er rechtzeitig, bevor die Nazis seine Heimatstadt Prag eroberten, wodurch ihm als Jude ein noch unschöneres Schicksal erspart geblieben ist.) Nach seinem Tod veröffentlichte sein bester Freund dann auch noch einige seiner Romanfragmente, die Kafka ausdrücklich nicht hatte veröffentlichen wollen. Und als wäre das noch nicht genug, wird sein Werk nun Jahr für Jahr Schülern vorgesetzt, und wir alle wissen: Literatur, die man in der Schule liest, kann man einfach nicht gut finden. Vor allem nicht, wenn sie ein bisschen seltsam ist.

Kafkas Werke sind sehr seltsam.

Die Verwandlung ist die längste Erzählung Kafkas, die noch zu seinen Lebzeiten veröffentlicht wurde, und enthält erstaunlicherweise nicht mal die verstörendste Idee, auf die er je gekommen ist. Auch wenn das sicher subjektiv unterschiedlich gesehen werden kann, reden wir hier immerhin nur über die Verwandlung eines Menschen in ein riesiges Insekt und nicht über die Beschreibung einer langsamen und qualvollen Hinrichtung, wie man sie zum Beispiel in der *Strafkolonie* finden kann.

Wir sehen schon, Kafka war insgesamt ein vergnüglicher Zeitgenosse. Da ist es fast schwer zu glauben, dass er außerdem ein notorischer Schreiber von Liebesbriefen war. Seine langjährige Geliebte Felice Bauer bekam von ihm zeitweise sogar drei Liebesbriefe am Tag.

Halten Sie sich an diesem fröhlichen Fakt gut fest, während wir nun in die düsteren Tiefen von Kafkas Werk vordringen.

Von Krabbelgetier und dem Nicht-dazu-Gehören

Gregor Samsa wacht eines Morgens auf und stellt fest, dass er in einen riesigen Käfer verwandelt wurde. Warum und wie das passiert ist, wird nie geklärt, aber es ist auch nicht wichtig. Der Käfer ist nämlich eine Metapher für Entmenschlichung und das Gefühl des Ausgegrenztseins. Also, es geht nicht eigentlich um den Käfer, sondern er ist bloß Kafkas Art, ein normales zwischenmenschliches Problem zu dramatisieren. Der Käfer könnte auch irgendetwas anderes sein, das Gregor Samsa von seinen Mitmenschen abgrenzt und ihn nutzlos für den normalen Arbeitsmarkt macht. Denn das ist der eigentliche Knackpunkt der Geschichte.

Vor seiner Verwandlung war Gregor Samsa Handlungsreisender. Sein Beruf ließ ihm praktisch keine Freizeit und brachte ihn immer nur in sehr oberflächlichen Kontakt mit seinen Mitmenschen, den er nie vertiefen konnte. Zu seinem Chef hat er außerdem ein äußerst schlechtes Verhältnis. Abgesehen von seiner Familie hat Gregor deshalb praktisch keine sozialen Kontakte.

Der Grund, warum Gregor Samsa so viel arbeitet, ist, dass sein Vater bankrott gegangen ist. Anstatt sich selbst einen neuen Job zu suchen, lässt er seinen Sohn dafür schuften, seine Schulden abzubezahlen. Dabei sagt er ihm nicht einmal, dass die Familie inzwischen von seinem erarbeiteten Geld erhebliche Ersparnisse angelegt hat und Gregor durchaus auch ein bisschen weniger arbeiten könnte.

Nach Gregors Verwandlung in einen Käfer kann er logischerweise nicht mehr arbeiten. Theoretisch gäbe es natürlich alle möglichen Arten, als riesiger, intelligenter Käfer Geld zu verdienen, angefangen mit Zeitungsinterviews, die via Morsecode geführt werden könnten. Aber Familie Samsa ist offensichtlich nicht kreativ genug, um auch nur an eine davon zu denken, und viel zu sehr darauf bedacht, bei ihren Mitmenschen nicht in Verruf zu geraten. Stattdessen ist es nun plötzlich doch möglich, dass jedes Familienmitglied sich selbst einen Job sucht. Zusätzlich werden einige Zimmer der Wohnung untervermietet. Die gesamte Opferung von Gregors Freizeit war also doppelt unnötig.

Anstatt darüber wütend zu werden, hat Gregor aber absolutes Verständnis und fühlt sich nur seinerseits schuldig, weil er seine Familie nicht mehr unterstützen kann und ihr eine Last ist. Generell wird sehr deutlich, dass Gregor vor seiner Verwandlung in einen Käfer ein Fußabtreter gewesen sein muss. Ganz egal, mit wie viel Verachtung und Ekel seine

Familie auf ihn reagiert, er fühlt sich immer nur schrecklich schlecht, weil er ihnen Umstände macht, und erklärt vor sich selbst jede schlechte Behandlung seinerseits durch sie damit, dass es doch das Vernünftigste sei, was sie tun könnten. Er bemüht sich sogar, möglichst dafür zu sorgen, dass seine Schwester ihn nicht sehen muss, wenn sie in sein Zimmer kommt, um ihn mit Nahrung zu versorgen.

Schließlich räumt seine Familie Möbel aus seinem Zimmer, die er ohnehin nicht mehr nutzt, weil er inzwischen für sich entdeckt hat, dass es viel mehr Spaß macht, wie ein echter Käfer über die Wände und die Decke zu krabbeln. Allerdings möchte Gregor gerne ein bestimmtes Bild behalten, das an seiner Wand hängt. Da er sich nicht mehr durch Sprache verständlich machen kann, klammert er sich an das Bild, was seine Mutter sehr erschreckt. Schließlich kommt sein Vater hinzu und wirft mit Äpfeln nach ihm, von denen einer in Gregors Rückenpanzer stecken bleibt und ihn schwer verwundet.

Anstatt sich über die unverhältnismäßige Reaktion zu ärgern, freut sich Fußabtreter Gregor darüber, dass man wohl aus schlechtem Gewissen nun seine Zimmertür immer für eine Weile offen lässt, sodass er abends seine Familie beim Zusammensitzen beobachten kann.

Erst als seine Versorgung auch immer schlechter wird und sein Zimmer kaum mehr ordentlich gesäubert wird, ringt sich Gregor zu etwas Verärgerung durch, belässt es aber dabei, passiv-aggressiv in schmutzigen Ecken zu stehen und darüber nachzudenken, was er theoretisch aus der Speisekammer stehlen könnte, ohne das aber je zu tun. Letztendlich findet er sich damit ab, dass sein Zimmer dreckig ist und zunehmend auch als Abstellkammer verwendet wird.

Als eines Abends seine Schwester Violine spielt, fühlt er sich von der Musik angezogen und kriecht aus seinem Zimmer hinaus. Als die Untermieter ihn sehen, beschweren sie sich über die unhygienischen Zustände in der Wohnung und weigern sich, weiterhin Miete zu zahlen. Das nimmt die Schwester schließlich zum Anlass, deutlich zu machen, dass sie in dem Käfer nicht mehr ihren Bruder sieht und die Familie ihn loswerden muss.

Gregor stimmt ihr still zu und stirbt noch in der Nacht.

Schlagartig geht es der Familie besser, sie nehmen sich für einen gemeinsamen Ausflug einen Tag frei und schauen, befreit von der Last, die Gregor war, wieder positiv in die Zukunft.

Die Verwandlung aus psychiatrischer Sicht

Der Handlungsreisende Gregor Samsa hat mit Kafka gemeinsam, dass sie beide mit ihrem Job nicht zufrieden waren und ihre familiären Verhältnisse nicht gerade von liebevoller Zuneigung geprägt waren. Insofern hat Kafka hier vermutlich mehr von sich selbst preisgegeben, als einem auf den ersten Blick bewusst wird. Aber da wir hier nicht Kafka auf die Couch legen, sondern nur seine Figuren, widmen wir uns zunächst der Hauptfigur.

Gregor Samsa –
die abhängig-vermeidende Persönlichkeit

Der Handlungsreisende Gregor Samsa opfert sich für seine Familie auf und ist nicht in der Lage, seine eigenen Bedürfnisse zu postulieren. Er lebt nur für andere und tut alles für sie – bis er sich schließlich in einen Mistkäfer verwandelt.

Wenn wir uns den strafenden Vater ansehen, ist davon auszugehen, dass der kleine Gregor von seinen Eltern nur Zuwendung bekam, wenn er so funktionierte, wie sie es wollten. Um seiner selbst willen wurde er nie geliebt, denn wenn es so wäre, hätte man ihm nach seiner Verwandlung nicht nur Mitgefühl entgegengebracht, sondern auch gemeinsam überlegt, wie man das Beste aus der Sache macht. Mit einem riesigen Mistkäfer in der Familie hätte man sowohl in der Wissenschaft als auch im Showgeschäft Karriere machen können. Aber diese Kreativität fehlte der Familie mit der Buchhalterseele, die große Angst vor dem Anderssein und der öffentlichen Ausgrenzung hatte. Schon früh hat der junge Gregor also lernen müssen, dass er nur dann etwas wert ist, wenn er Leistung bringt. Die Angst vor Zurückweisung ist dabei eine starke Triebfeder gewesen, die die Macht seiner Eltern über ihn festigt. Als Mistkäfer wird er jetzt nur noch als eine Schande erlebt, die man verstecken muss – er kann nichts mehr leisten. Vermutlich hätte man ihn ebenso schamvoll versteckt, wenn er durch einen Unfall entstellt worden wäre oder eine psychische Erkrankung entwickelt hätte. Alles, was nicht ins Bild passt, wird zunächst verborgen und später entsorgt. Er wird vom Vater verletzt, von der Mutter vernachlässigt, und selbst die Schwester wünscht ihm den Tod, weshalb er am Schluss eingeht und alle erleichtert sind. Da er nur ein Funktionsträger und kein geliebtes Mitglied der Familie war, wird er auch nicht betrauert.

Hier wird der ganze verrohte Umgang einer Familie mit ihrem schwächsten Mitglied bewusst dargestellt. Wenn man berücksichtigt, wann *Die Verwandlung* geschrieben wurde und dass zeitgleich die Schriften Alfred Hoches und Karl Bindings unter dem Titel *Die Freigabe der Vernichtung lebensunwerten Lebens* erschienen, in denen der Arzt Hoche und der Jurist Binding die Tötung «leerer Menschenhülsen» propagieren – also Geisteskranker und Behinderter, die keine Arbeit von wirtschaftlichem Wert erbringen können –, wird deutlich, wie aktuell die Erzählung im damaligen zeitlichen Kontext war und wie normal auch diese Familie sich verhielt. Nur fünfzehn Jahre später war es kein Problem mehr für Eltern, ihre behinderten Kinder zu entsorgen, denn die Nazis entsorgten bekanntlicherweise nicht nur Juden in Vernichtungslagern, sondern schlichtweg jeden Menschen, der nicht in ihre Rassevorstellungen passte. Auch deutsche Volksgenossen, die krank oder behindert waren, wurden zu Tausenden in speziellen Tötungsanstalten umgebracht. Im besten Fall wurden sie lediglich sterilisiert.

Gregor Samsa nimmt hier schon in einer prophetischen Vorausahnung die Gestalt des zu entsorgenden Mistkäfers an und macht es seiner Umwelt somit noch leichter, ihn loszuwerden, da man ihm nichts Menschliches mehr ansieht. Seine wahren menschlichen Gefühle in diesem Panzer interessieren in der verrohten Welt in den Jahren zwischen den Kriegen niemanden mehr.

Und so steht er stellvertretend für all die ungehörten Opfer dieser harten Zeiten, die sich zwar aufopfern durften, aber keinen Anspruch auf Hilfe oder Liebe hatten.

Gregor Samsas Familie aus psychiatrischer Sicht

Schauen wir uns die Eltern und die Schwester von Gregor an, wird deutlich, dass sie alle nicht in der Lage sind, eine liebevolle Beziehung zu führen. Sie sind egoistisch und selbstbezogen – etwas, das Gregor niemals war. Ihnen fehlt die Empathie mit dem verwandelten Sohn und Bruder. Hier stellt sich die Frage, ob dies schon immer so war oder ob sie all ihre Empathie brauchten, um die Zeit des Ersten Weltkriegs und die darauf folgenden schweren Jahre zu überstehen. Irgendwann stirbt die Empathie bei vielen Leuten ab, und die Folgen der schlechten Zeiten werden gleich am Anfang benannt: Der Vater ist hoch verschuldet.

Diese Empathielosigkeit selbst mit dem eigenen Fleisch und Blut ist beispielhaft für diese Generation – die aufgrund dieses mangelnden Mitgefühls erneut in einen großen Krieg rutschte –, die Generation derer, die das Gefühl hatten, immer zu kurz gekommen zu sein, und die Schuld im Außen suchten. So gesehen ist *Die Verwandlung* auch heute noch hoch aktuell – denn auch in unseren Tagen steigt die Zahl derer, die das Gefühl haben, zu kurz gekommen zu sein, und darüber ihre Empathie verlieren.

VOM WINDE VERWEHT –
Kommunikationsprobleme im amerikanischen Bürgerkrieg

Margaret Mitchell, die Autorin von *Vom Winde verweht*, wuchs mit Geschichten über den amerikanischen Bürgerkrieg auf, die ältere Verwandte erzählten. Allerdings erfuhr sie erst mit zehn Jahren, dass der Süden diesen Krieg verloren hatte. So sehr die Veteranen, denen sie zuhörte, gerne über die einzelnen Schlachten redeten, so wenig wollten sie doch die Niederlage eingestehen.

Besonders beeindruckt haben sie auch die Erzählungen ihrer Mutter über William Tecumseh Shermans Marsch durch den Süden. 1864 marschierte der Unionsgeneral mit seinen Männern weit in den Süden hinein und zerstörte dabei nicht nur Militäreinrichtungen, sondern auch Industrie, Infrastruktur und den Privatbesitz von Zivilisten, was letztendlich zur Niederlage der Konföderation beitrug. Mitchells Mutter zeigte ihr die Kamine, die das Einzige waren, das von den zerstörten Häusern zurückgeblieben war. Sie erklärte ihr, dass die Leute hier in einer Welt gelebt hatten, die sich für sie sicher angefühlt hatte und die dann plötzlich unter ihnen zusammengebrochen war. Auch Mitchells eigene Welt werde irgendwann um sie herum zusammenbrechen, und dann müsse sie vorbereitet sein.

Nach so einem Vortrag ist es kein Wunder, dass Margaret Mitchell genau das in ihrem Roman verarbeitet hat.

Mitchell war außerdem für ihre Zeit sehr offen in Bezug auf Liebe und Sexualität und zu einem Zeitpunkt sogar mit fünf Männern gleichzeitig verlobt (wobei sie behauptete, keinen davon angelogen zu haben). Auch das wundert einen nicht allzu sehr nach der Lektüre von *Vom Winde verweht*.

Von einer Frau und ihren ungewöhnlichen Gründen zu heiraten

Protagonistin Scarlett O'Hara ist die Tochter eines irischen Einwanderers, der in Georgia eine erfolgreiche Plantage besitzt. Sie ist zwar nicht hübsch, aber es gelingt ihr, die Männer anderweitig um den Finger zu wickeln. Einer ihrer Verehrer ist Ashley Wilkes. Als sie ihm ihre Liebe gesteht, gibt er zwar zu, ebenfalls etwas für sie zu empfinden, glaubt aber, wegen ihres Temperaments in einer Ehe mit ihr nicht glücklich zu werden. Stattdessen möchte er Melanie Hamilton heiraten. Scarlett bestätigt seine Einschätzung, indem sie wütend wird.

Bei diesem Gespräch werden die beiden von dem von seiner wohlhabenden Familie verstoßenen Rhett Butler belauscht, der anschließend Scarlett zu ihrem Temperament gratuliert. Prompt wird sie auch auf ihn wütend. Im Gegensatz zu Ashley scheint das aber genau Rhetts Ding zu sein, und eine romantische Liebesgeschichte nimmt hier ihren Anfang.

Allerdings, zuerst einmal nimmt Scarlett rein aus Trotz

einen Heiratsantrag von Melanies Bruder an. So ein bisschen, wie wenn man als Teenager mit jemand anderem rummacht, wenn man gerade einen Korb bekommen hat, nur deutlich bindender.

Zum Glück für sie beginnt dann bald der Bürgerkrieg, und bevor sie ihre Trotzheirat bereuen kann, stirbt ihr neuer Mann im Feldlager an einer Lungenentzündung. Was ihr von der Ehe bleibt, sind ein Kind, zu dem sie keine richtige Bindung aufbaut, und die lästige Pflicht, um ihren verstorbenen Mann zu trauern, was ihr gar nicht passt.

In der Hoffnung, Ashley wiederzusehen, zieht Scarlett zu ihrer Schwägerin Melanie nach Atlanta. Dort engagiert sie sich in Nähkreisen zugunsten der konföderierten Armee. Bei einem Wohltätigkeitsball trifft sie Rhett Butler wieder, der als Blockadebrecher reich geworden ist und eine hohe Summe bietet, um mit ihr tanzen zu können. Ein Skandal, da sie als Witwe immer noch Schwarz trägt.

Weihnachten 1863 kommt Ashley dann tatsächlich für eine Weile aus dem Krieg zurück, und Melanie wird mit ihrem ersten Kind schwanger.

Im September 1864 wird Atlanta von drei Seiten belagert, und alle verfügbaren Ärzte sind damit beschäftigt, verwundete Soldaten zu behandeln, als Melanie in den Wehen liegt. Scarlett ist die Einzige, die da ist, um bei der Geburt zu helfen. Obwohl sie mit der Situation komplett überfordert ist, schlägt sie sich ganz gut, und Mutter und Kind überstehen die Geburt wohlbehalten. Allerdings verliert gleichzeitig die konföderierte Armee den Kampf um Atlanta, zündet in südstaatentypischem Trotz die Stadt an und überlässt sie der Unionsarmee.

Scarlett macht Rhett Butler ausfindig und fleht ihn an, sie, Melanie, ihre Kinder und ein junges Sklavenmädchen zur Plantage ihres Vaters zu bringen. Das tut dieser auch, aber auf halbem Weg entscheidet Butler, der den Krieg bisher für sinnlos hielt, in einem Anfall von Heldenmut, sich in der Armee einzuschreiben. Scarlett bringt ihre kleine Gruppe den Rest des Weges allein durch.

Auf der elterlichen Plantage sieht es gar nicht gut aus. Scarletts Mutter ist inzwischen gestorben, und ihre Schwestern haben Typhus. Ihr Vater ist wahnsinnig geworden vor Trauer. Alle Sklaven auf der Plantage sind geflohen, die Baumwolle wurde von den Unionssoldaten angezündet, und es sind praktisch keine Vorräte mehr im Haus.

Verbissen kämpft Scarlett um das Überleben ihrer Familie und erschießt auch eigenhändig einen Soldaten, der es auf ihre Besitztümer abgesehen hat. Unfähigkeit und mangelnde Entschlossenheit kann man ihr auf jeden Fall nicht nachsagen. Auch Melanie setzt sich tapfer für das Bestehen ihrer kleinen Zweckgemeinschaft ein, und hätte Scarlett nicht immer noch ein Auge auf Melanies Mann geworfen, hätten die beiden wahrscheinlich einfach eine WG aus starken Frauen gründen können. Allerdings, so viele großartige Männerfreundschaften es in der Literatur gibt, Frauenfreundschaften sind deutlich rarer gesät und werden gerne mal durch Männer ruiniert.

Schließlich kehrt deshalb auch Ashley endgültig aus dem Krieg zurück.

Langsam werden die Verhältnisse wieder besser, aber dann werden hohe Steuernachzahlungen von den Südstaaten gefordert. Scarlett reist nach Atlanta, um Rhett Butler um Geld zu bitten, weil er der Einzige ist, den sie kennt, der reich genug ist. Aber er sitzt im Gefängnis, soll bald gehängt werden und hat keine Möglichkeit, an sein Geld heranzukommen. Allerdings sagt er ihr das erst, nachdem sie ihm bereits zweifelhafte Angebote für sein Geld gemacht hat. Scarlett wird wütend, weil ihr die Sache peinlich ist, und die beiden geraten mal wieder in Streit. Es kann ja nicht angehen, dass die Liebesgeschichte zu einfach wird.

Stattdessen trifft Scarlett Frank Kennedy, den Verlobten ihrer Schwester, der auch nicht gerade unbeträchtliche Mengen Geld hat, wie sich herausstellt. Da sie sich sicher ist, dass ihre Schwester nach der Hochzeit mit ihm ihre eigene Familie im Stich lassen würde, lügt Scarlett, behauptet, ihre Schwester wolle ihn doch nicht heiraten, und er verfällt ihrem Charme. Wenig später sind die beiden ein Paar, und Frank Kennedy gibt ihr das Geld, um die Steuern zu zahlen. Immerhin, sie steigert sich, was ihre Gründe für eine Heirat angeht.

Scarlett übernimmt außerdem mehr oder weniger Kennedys Geschäfte (darunter eine Sägemühle) und treibt sie mit ziemlich rücksichtslosen Geschäftspraktiken voran, bis sie schließlich ein zweites Mal schwanger wird. Der arme Mann weiß gar nicht so recht, wie ihm geschieht, und ist froh, dass die Schwangerschaft bedeutet, dass sie es etwas ruhiger angehen muss.

Als es heißt, einige der befreiten Sklaven am Rand von Atlanta würden weiße Frauen angreifen, zieht Kennedy zusammen mit dem neugegründeten Ku-Klux-Klan los, um Rache zu üben. Dabei stirbt er. Damit ist Scarlett ihren zweiten Mann nach kurzer Ehe wieder los. Irgendwie hat sie in dieser Hinsicht kein Glück.

Als sie am Sarg ihres Mannes weint, ist der dem Hinrichtungstod inzwischen entkommene Rhett Butler zur Stelle, um sie zu trösten. Außerdem gesteht er ihr nun endlich die Liebe, die er schon immer für sie gehegt hat. Das hat ja nur 47 Kapitel gedauert.

Scarlett sagt, dass sie ihn nicht liebt und nicht noch einmal heiraten möchte. Ein leidenschaftlicher Kuss ändert allerdings ihre Meinung und sorgt dafür, dass ihre Ehe mit Frank Kennedy wohl für immer die bleiben wird, die sie aus den vernünftigsten Gründen geschlossen hat.

Vorerst hat Scarlett auch wirklich keine Zeit, ihre Entscheidung zu bereuen, denn ein Leben in Luxus folgt. Sie bringt außerdem ein drittes Kind zur Welt, das ihr ebenfalls wenig bedeutet, diesmal eine Tochter, die Rhett Butler sehr liebt und verwöhnt.

Derweil hat sie Ashley überredet, die Sägemühle, die sie immer noch betreibt, für sie zu verwalten. Für sie ist Ashley immer noch ihre einzige große Liebe, und ein Gespräch mit ihm lässt Scarlett glauben, dass er ihre Gefühle erwidert. Offensichtlich tut sie sich sehr schwer damit, mit ihrem Weltbild zu vereinen, dass ein Mann sie zurückweisen könnte.

Dadurch entfernt sie sich immer weiter von Rhett Butler.

Bei einem Gespräch mit Ashley über frühere Zeiten fängt Scarlett an zu weinen, und er tröstet sie. Seine Schwester sieht das und setzt daraufhin Gerüchte in die Welt, dass die beiden eine Affäre haben. Melanie, die die Einzige in dem ganzen Roman ist, die sich redlich bemüht, als Teil einer großen Frauenfreundschaft in die Literaturgeschichte einzugehen, will davon nichts hören.

Rhett allerdings glaubt dem Gerücht, und es gibt einen

heftigen Streit, an dessen Ende er Scarlett allerdings noch einmal sagt, dass er sie liebt. Dennoch ist die Beziehung der beiden nun endgültig ziemlich angeknackst. Als Scarlett wieder schwanger wird, fragt er, ob das Kind von Ashley sei. Ein weiterer Streit führt zu einem Treppensturz, und sie verliert das Kind. Rhett hat ein schrecklich schlechtes Gewissen.

Erst danach wird die Ehe etwas besser. Scarlett merkt, dass ihr auch etwas an ihrem Mann liegt, und sie bemühen sich, besser miteinander auszukommen.

Dann allerdings stirbt die gemeinsame Tochter. Kurz darauf stirbt auch noch Melanie bei der Geburt eines weiteren Kindes und somit Scarletts letzte Chance auf eine echte Freundin. Eine große Frauenfreundschaft in der Literatur sollte eben doch nicht sein.

Rhett fordert Scarlett auf, doch nun zu ihrer großen Liebe Ashley zu gehen, aber Scarlett hat endlich erkannt, dass er es ist, den sie will. Wie alles in diesem Roman hat das nun wirklich lange genug gedauert. Etwas zu lange für Rhetts Geschmack, der Scarlett sagt, dass seine Liebe für sie aufgebraucht sei. Er zieht von dannen, um über den Tod seiner Tochter hinwegzukommen, und es bleibt offen, ob sie ihre Ehe noch mal retten können. In der Zwischenzeit besinnt Scarlett sich auf ihre Plantage Tara, für die sie schon die ganze Zeit gekämpft hat. Immerhin, das ist ihr gelungen.

Vom Winde verweht
aus psychiatrischer Sicht

Schon die Vorgeschichte zur Entstehung des Romans ist spannend – hier verarbeitet die Autorin eigene biographische Anteile: den großen Verlust und das Leid ihrer Familie, auch die Unfähigkeit, über die Niederlage eines Krieges zu sprechen, und die Sorge, man könne jederzeit wieder alles verlieren. Und auch ihre eigene Weltsicht – der Umgang mit Männern – wird etwas überspitzt dargestellt. Gerade in den Figuren von Scarlett und Melanie kann man davon ausgehen, dass Mitchell hier zwei Facetten ihrer selbst ausgelebt hat – die wilde, gewissenlose Scarlett und die auf Ausgleich bedachte, kluge Melanie. Diese beiden Seiten einander gegenüberzustellen könnte einen guten Einblick in die inneren Kämpfe der Autorin liefern – denn letztlich sind die beiden Frauen Freundinnen, auch wenn Scarlett sich das nicht immer eingestehen will. Aber Melanie – der vernünftige Part – erinnert sie stets daran und wird im Grunde in ihrem Vertrauen auch nicht enttäuscht.

Und somit kommen wir direkt zu den Charakteren im Roman und werden sie nacheinander analysieren.

Scarlett O'Hara – die Frau, die sich
nehmen möchte, was sie will,
aber nicht alles bekommen kann

Scarlett ist zu Beginn der Erzählung ein verwöhntes junges Mädchen, das für seine Leidenschaften lebt. Sie bekommt alles, was sie will – mit einer Ausnahme, und das ist

Ashley Wilkes. Aber wie das so ist im Leben – alles, was ihr zufliegt, weiß sie, die nie um etwas kämpfen musste, nicht zu schätzen. Sie fasziniert das, was sie nicht bekommen kann. Und so lenkt sie all ihr Sehnen auf Ashley. Nicht, weil sie ihn liebt, sondern weil er das Einzige ist, was sie nicht haben kann und ihr deshalb besonders begehrenswert und wertvoll erscheint. Von wahrer Liebe hat Scarlett keine Ahnung.

Da sie in einem beschützenden Elternhaus aufwuchs, hat sie enorme Ressourcen und ein sehr gesundes Selbstwertgefühl. Was sie sich vornimmt, gelingt im Allgemeinen – die große Ausnahme bleibt Ashley, der für sie umso interessanter wird, je mehr er sich ihr entzieht.

Durch Scarletts gesamte Entwicklung zieht sich nur eine einzige große Liebe – nämlich die zu ihrem Land und zur Plantage ihrer Eltern, ihrem geliebten Tara, das sie mehrfach vor dem Ruin und Untergang bewahrt. Für Tara kann Scarlett alle möglichen Kräfte mobilisieren, sie heiratet sich durch, sie kämpft, sie lügt, sie schmeichelt, und sie tötet sogar einmal. Hier finden wir die wahre Leidenschaft in ihrem Leben, und sie gilt keinem Menschen, sondern einem Ideal. In gewisser Weise ist das ähnlich wie mit Ashley – Ashley als Mann ist ihr völlig gleichgültig, sie liebt nur das unerreichbare Bild. Hätte sie ihn bekommen, wäre sie vermutlich in einer unglücklichen Ehe gefangen gewesen. Ashley hat das ganz realistisch schon zu Beginn der Geschichte begriffen. Er, der eigentlich eher schwach und sensibel ist, braucht eine Frau, die diese Sensibilität behütet.

Letztlich gibt es keinen Mann, der Scarlett auf Dauer ertragen kann – selbst die Liebe von Rhett Butler ist irgendwann erschöpft. Rhett ist ebenfalls leidenschaftlich und temperamentvoll, aber auch er ist Scarlett, die gar nicht lieben kann, sondern nur besitzen will, nicht gewachsen. Sie verbraucht seine Liebe, bis nichts mehr übrig ist und Rhett Butler als gebrochener Mann von dannen zieht – beraubt seiner Illusionen von der großen Liebe und schwer angeschlagen durch den Tod seiner geliebten Tochter, den Scarlett viel leichter wegsteckt – ihre Kinder haben ihr Herz nie in voller Tiefe berührt.

Hier stellt sich auch die Frage, ob Scarlett womöglich Züge einer Psychopathin in sich trägt, da sie immer wieder Aufregung und Abenteuer sucht, aber dabei niemals zu einer tiefen Emotion fähig ist und auch keine Skrupel kennt. Sie benutzt Menschen wie Schachfiguren – man denke nur an ihre Schwester, der sie den Verlobten ausspannt, weil es ihr nützlich erscheint. Auch als ihr Mann stirbt, trauert sie nicht einmal großartig um ihn – was soll's. Das Witwendasein kennt sie schon von ihrer ersten Ehe, die sie lieblos geschlossen hat. Durch ihre Skrupellosigkeit ist sie erfolgreich und kann Tara letztlich retten. Aber die große Liebe bleibt ihr verwehrt – und zwar nicht, weil sie sie selbst zerstört, sondern weil sie anlagebedingt gar nicht weiß, wie man wirklich liebt. Dazu fehlt ihr die Empathie, die Möglichkeit, einen Schritt zurückzutreten und zu überlegen, was der andere wohl empfindet. Möglicherweise ist dies auch ein wenig ihrer Erziehung geschuldet – sie wuchs in einem Sklavenhalter-Haushalt auf, und dort war Empathie eher hinderlich. Wer anfängt, sich in andere Menschen und ihre Empfindungen hineinzuversetzen, kann keine Sklaverei mehr betreiben. Wäre Scarlett ein Mann, dann wäre sie ein positiv beleumundeter Held geworden – sie vereint alle männlichen Tugenden. Da sie eine Frau ist, fällt sie aus dem Rahmen.

Ashley Wilkes, der Waschlappen

Ashley ist ein sehr sensibler, labiler Charakter. Er möchte niemanden kränken und verletzen, deshalb meidet er klare Worte. Er hasst Konflikte und geht Streitigkeiten aus dem Weg. Er ist in allem das Gegenteil von Scarlett. In seiner gesamten Entwicklung erinnert er an eine kostbare Zimmerpflanze, die man sehr behutsam nach Anleitung gießen und düngen muss, damit sie nicht eingeht. Ashleys große Stärke ist, dass er das selbst weiß und Scarlett deshalb zurückweist – doch egal, wie freundlich er es tut, sie wird wütend. Deshalb ist er später extrem vorsichtig, anstatt deutlich zu sagen, was er will, und bietet Scarlett durch seine Weichheit falsche Interpretationsmöglichkeiten. Ashley vereint in sich abhängige und klammernde Persönlichkeitszüge. Er hat Angst vor Zurückweisung und Konflikten und zugleich Schwierigkeiten, eigenständige Entscheidungen zu treffen. Die delegiert er lieber. Zwar könnte Scarlett ihn auf der einen Seite sehr gut ergänzen, wenn es nur um die Entscheidungsschwäche ginge, aber da Ashley auch niemandem auf die Füße treten will und immer auf Diplomatie bedacht ist, würde er sich mit einer Ehefrau wie Scarlett zu Tode schämen. Er ist als Charakter reif genug, seine Defizite zu kennen und die richtige Frau zu wählen – Melanie Hamilton.

Melanie – die starke Frau,
die ihre Stärke durch Diplomatie
und Zurückhaltung gewinnt

Melanie Hamilton mag zunächst als die schwache, klassische Frau erscheinen, die Ashley heiratet, weil er sich nicht an Scarlett herantraut. Bei näherem Hinsehen wird jedoch deutlich, dass Melanie stärker als Scarlett ist – denn im Gegensatz zu Scarlett weiß Melanie von Anfang an, was sie wirklich will, und ist zudem geschickt genug, ihre Ziele mit den Mitteln einer Frau zu erreichen, die in ihrer Gesellschaft gut angesehen sind. Sie ist stets freundlich und verbindlich, tratscht nicht, sucht stets den Ausgleich und will Menschen miteinander versöhnen. Sie sieht in Scarlett deren positive Eigenschaften, die dieser oft selbst nicht bewusst sind, und sie vertraut ihr. Sie ist nie eifersüchtig, dass Scarlett ihr den Mann nehmen könnte, denn Melanie hat genügend Menschenkenntnis, um zu begreifen, dass es Scarlett nur um das unerreichbare Bild von Ashley geht. Es bestand nie die Gefahr, dass Ashley und Scarlett wirklich Ehebruch begehen. Melanie vertraut auch ihrem Mann, weil sie ihn kennt. Dieses Vertrauen – ohne dabei naiv zu sein, sondern das im Gegenteil aus tiefgreifender Menschenkenntnis rührt – ist Melanies große Stärke, die man erst im Laufe des Romans in ihrer ganzen Größe erkennt. Weil Melanie ein untrügliches Gespür für die Motive von Menschen hat, ist sie für üble Nachreden nicht empfänglich und kann in jedem Menschen das Gute sehen. Was Scarlett an Empathie fehlt, hat Melanie schon fast in übermenschlichem Maße. Und es hilft ihr dabei, trotz aller Widrigkeiten ein zufriedenes, glückliches

Leben zu führen. Sie ist zufrieden mit dem, was sie hat, sie muss nicht wie die unstete Scarlett immer nach neuen Herausforderungen suchen. Sie ruht in sich selbst – etwas, das Scarlett niemals konnte. Und sie kann lieben – ihren Mann, ihr Kind, ja selbst Scarlett und auf freundschaftlicher Ebene auch Rhett. Melanie ist letztlich der reifste und normalste Charakter in diesem Konglomerat an interessanten Figuren. Sie könnte selbst als Psychotherapeutin arbeiten.

Rhett Butler –
der differenzierte Draufgänger

Auf den ersten Blick erscheint es, als wäre Rhett das männliche Gegenstück zu Scarlett, aber das stimmt nicht. Rhett besitzt, was Scarlett nicht hat. Er verfügt über Empathie und kann lieben. So ist er zwar auch ein leidenschaftlicher, temperamentvoller Mann, aber er liebt nicht nur Scarlett, die er zunächst als seine Seelenverwandte zu erkennen glaubt, bis er irgendwann bemerkt, dass sie seine Liebe nicht erwidern kann. Er liebt auch seine Tochter und ist ebenso Scarletts Kindern aus den ersten Ehen ein liebevoller Vater. Er kümmert sich und lässt sich auf Beziehungen ein. Und umso mehr ist er letztlich verwundbar. Gegen Scarletts Angriffe kann er sich wehren, aber der Tod seiner Tochter trifft ihn schwer. Und mindestens ebenso schwer trifft ihn die Erkenntnis, dass Scarlett nicht im gleichen Maße trauert, weil sie das Kind – ja keines ihrer Kinder – im gleichen Maß geliebt hat. Durch den Tod der gemeinsamen Tochter Bonnie erkennt Rhett, dass er sich selbst etwas vorgemacht hat, dass er sich in ein Bild von Scarlett verliebt hatte – genau so, wie sie sich in Ashleys Bild verliebte. Rhett glaubte, in der leidenschaftlichen Scarlett auch eine ebenso leidenschaftliche Liebe zu finden, die alles wagt, um für den Geliebten da zu sein. In gewisser Weise ist er sogar auf ihre Schwärmerei für Ashley hereingefallen und hielt diese für Liebe, weshalb er eifersüchtig wurde. Anders als Melanie, die ruhig und gelassen auf ihren Instinkt vertraute, war Rhett hier ein Gefangener seiner Leidenschaft, die seine Gefühle in Wallung bringt und das klare Denken ausschaltet.

Am Ende sagt er, seine Liebe für Scarlett sei aufgebraucht. Vielleicht wäre die wahre Antwort sogar, dass er endlich die Brille der Idealisierung abgelegt und die wahre Scarlett erkannt hat – das arme Menschenwesen, das sich nach Liebe sehnt und doch so unfähig ist, selbst welche zu geben, und seine Kräfte deshalb lieber auf unerreichbare Ziele lenkt.

Warum es keine wirkliche Fortsetzung für Vom Winde verweht geben kann

Margaret Mitchell wollte nicht, dass ihr Buch jemals fortgesetzt wird. Leider haben sich ihre Erben nicht daran gehalten, und es gab dann Fortsetzungen von anderen Autoren – eine über Scarlett und eine über Rhett, die auch ebenso heißen: *Scarlett* bzw. *Rhett*.

Rhett Butler ist ein normaler Mann mit großer Leidenschaft, aber auch einem großen Herzen. Das große Herz versteckt er, damit er nicht verletzt wird. Dennoch verwundet Scarlett ihn schwer – um ihn dann zu ihrem neuen, unerreichbaren Idealbild zu machen. Denn gerade, als er nichts mehr von ihr wissen will, will sie ihn zurückerobern, und damit endet der Roman. Jetzt hat Scarlett wieder ein unerreichbares Ziel und kann Rhett verfolgen wie einst Ashley, ohne dass sie Gefahr läuft, er könne sie tatsächlich noch einmal erhören.

Rhett wird sich – ebenso wie Ashley – nie wieder auf Scarlett einlassen, denn seine Liebe ist nicht nur aufgebraucht, nein, er weiß auch, dass er von ihr niemals Liebe zu erwarten hätte, die er aber so sehr brauchen würde, um zu heilen, nachdem der Tod der Tochter ihn zerrissen hat. Und deshalb wollte Mitchell keine Fortsetzung – weil es keine geben kann, in der Rhett und Scarlett wieder zusammenkommen. Scarlett ist, wie sie ist – interessant, wild und dabei völlig beziehungsunfähig. Sie lebt für ihr Land und ihr Gut, zu dem sie eine gefahrlose Beziehung aufbauen kann. Menschen sind Staffage, die sie nur auf Distanz erträgt, ohne sie zu zerstören. Das unterscheidet sie von allen anderen Charakteren. Und jeder Versuch, sie zu ändern, würde das Faszinierende in ihr zerstören, die Dynamik, die sie auszeichnet. Sie wäre nicht mehr Scarlett – und deshalb sind die Fortsetzungen von anderen Autoren auch in der Bedeutungslosigkeit verschwunden. Weil es nicht Scarletts wahre Geschichte war. Denn die endet in der ewigen Sehnsucht nach dem unerreichbaren Ideal der Liebe, das niemals der Realität standhalten kann und deshalb immer zerstört werden muss, sobald es gelebt wird.

PIPPI LANGSTRUMPF –
das freche Mädchen
von nebenan

Pippi Langstrumpf ist eine von diesen Erfolgsgeschichten, an die am Anfang kaum jemand geglaubt hat. Ursprünglich wollte Astrid Lindgren nämlich gar nicht Schriftstellerin werden, aber ihre Tochter erfand den Namen Pippi Langstrumpf und wollte eine Geschichte dazu hören. Also erzählte Lindgren ihr eine, wie man das so macht als gute Mutter.

Drei Jahre später, als Astrid Lindgren mit einem verstauchten Fuß das Haus hüten musste, schrieb sie diese Geschichte nieder und schickte das Manuskript an den schwedischen Verlag Bonnier. Dort wurde es abgelehnt.

Erst nach einem weiteren Jahr erschienen 1945 die Abenteuer von Pippi Langstrumpf schließlich beim Verlag Rabén & Sjögren.

Auch in Deutschland wurde das Manuskript erst ein paarmal abgelehnt, bevor der Oetinger-Verlag sich schließlich 1949 dafür interessierte. Damit schlug es bei uns direkt in der Nachkriegszeit auf, nachdem viele Männer im Krieg gefallen oder in Kriegsgefangenschaft geraten waren. So war es den Frauen überlassen, das von Männern verursachte Chaos aufzuräumen, was zu einem neuen weiblichen Selbstverständnis und mehr Selbstbewusstsein führte. Da passte

Pippi als neues Vorbild für Mädchen sehr gut hinein. Mehrere Generationen sind inzwischen mit ihr aufgewachsen. Spätestens seit ihr Titellied im Bundestag gesungen und die Streichung des Wortes «Neger» aus neueren Ausgaben zu einem Tobsuchtsanfall von Seiten der Hälfte der Bevölkerung geführt hat, hat sie allerdings einiges an Coolness verloren, und so langsam neigt sich die Zeit ihres Erfolgs ihrem Ende entgegen.

Die mit dem langen Namen, den jeder aufsagen kann

Wenn man über Pippi Langstrumpf schreibt, ist es Tradition, mindestens einmal alle ihre Namen aufzuzählen, als so eine Art Beweis, dass man Ahnung von der Materie hat. Das tun wir hier nicht. Nehmen Sie sich stattdessen doch selbst mal eine kurze Nostalgieminute, und schauen Sie, ob Sie sie noch alle zusammenkriegen.

In der Zwischenzeit hier für alle, die ihre Kindheit hinterm Mond verbracht haben, eine Zusammenfassung.

Das Leben der beiden Kinder Thomas und Annika ist ziemlich langweilig, bis im Nachbarhaus ein sehr seltsames Mädchen mit roten Haaren und Sommersprossen einzieht: Pippi Langstrumpf. Nicht nur lebt sie allein mit einem kleinen Affen (im Buch handelt es sich – anders als im Film – um ein Meerkätzchen) und einem Pferd, sie schert sich außerdem keinen Deut um Konventionen und besitzt einen großen Koffer Goldmünzen, der ihr finanzielle Unabhängigkeit beschert.

Ihren eigenen Erzählungen zufolge ist ihr Vater Südseekapitän, und sie hat lange mit ihm auf Reisen verbracht, bis er schließlich auf See verschollen ist. Sie glaubt allerdings, dass er sich auf eine Südseeinsel retten konnte und dort König geworden ist.

Ihr Leben auf See sorgt dafür, dass Pippi sich mit vielen üblichen Gepflogenheiten nicht auskennt. Oft begründet sie ihr seltsames Verhalten auch damit, dass das in anderen Teilen der Welt angeblich vollkommen normal sei.

Thomas und Annika sind fasziniert von ihr, und zu dritt erleben die Kinder bald alle möglichen Abenteuer, die Erwachsene an den Rand der Verzweiflung bringen. Dabei achtet Pippi allerdings stets darauf, dass Thomas und Annika nichts zustößt, und verhält sich in dieser Hinsicht insgesamt erstaunlich verantwortungsvoll, egal, wie viel sie sonst anstellt. Das muss irgendwann selbst die Mutter von Thomas und Annika einsehen.

Im zweiten Band taucht Pippis Vater tatsächlich wieder auf. Er ist wirklich inzwischen König auf einer Südseeinsel und möchte sie dorthin mitnehmen. Allerdings entscheidet Pippi sich, lieber bei Thomas und Annika zu bleiben.

Im dritten Band besuchen die drei Pippis Vater auf seiner Insel, Pippi wird als Prinzessin Pippilotta von den Einheimischen gefeiert, und sie stiften auch die einheimischen Kinder zu allem möglichen Unsinn an.

Hin und wieder hat Pippi auch mit Behörden und sonstigen Erwachsenen zu kämpfen, die meinen, als Kind dürfe sie nicht allein leben, aber jedes Mal gelingt es ihr, sich gegen sie zu behaupten.

Damit lebt sie den Traum eines jeden Kindes. Es gibt keinen Erwachsenen, der ihr irgendetwas verbieten kann, und sie kann tun und lassen, was sie möchte. Und sei es, dass sie sich von ihrem Gold ein Pferd kauft. Gleichzeitig hat sie ihr Leben allerdings gut genug im Griff, dass es trotz ihres ungewöhnlichen Lebensstils nicht in absolutes Chaos ausartet. Sie schafft es ganz offensichtlich, ihre Haustiere vernünftig zu versorgen und das Nötigste im Haushalt zu erledigen. Auch wenn das manchmal bedeutet, dass das Geschirr nach dem Essen einfach entsorgt wird, anstatt dass sie den Abwasch erledigt. Wer einen Koffer voll Gold hat, kann sich das wohl leisten. Pippi Langstrumpf ist damit die perfekte Mischung aus kindlichem Chaos und funktionierender Selbständigkeit, die lediglich nicht den gängigen Konventionen folgt.

Die Sache mit dem Rassismus oder warum die meisten Dinge nicht unendlich lange zeitgemäß bleiben

Vor einigen Jahren gab es einen Aufschrei, weil der Oetinger-Verlag es wagte, bei einer Neuauflage von Pippi Langstrumpf das Wort «Neger» zu streichen und den «Negerkönig» in «Südseekönig» umzutaufen. Man müsse die Integrität des Werks bewahren und den Wunsch der Autorin respektieren, die eine solche Änderung nicht wollte, hieß es von den Kritikern. Eltern könnten doch ihren Kindern beim abendlichen Vorlesen einfach erklären, dass das Wort inzwischen nicht mehr zeitgemäß sei.

Man wolle aber nicht jede abendliche Vorleserunde zu

einer Lehrstunde in politischer Korrektheit machen, hieß es von den Befürwortern.

Letztendlich ist die Diskussion um ein einzelnes Wort viel Lärm, der am eigentlichen Problem vorbeigeht. Inzwischen musste sich die europäischstämmige Bevölkerung der Welt nämlich mit dem für einige schockierenden Gedanken auseinandersetzen, dass man sich als Mensch heller Hautfarbe nicht einfach an einer Südseeinsel anspülen lassen kann, um dort automatisch König zu werden. Erstaunlicherweise sind die Einwohner anderer Länder, selbst solcher, die nicht europäischen Maßstäben von Zivilisation entsprechen, durchaus der Meinung, dass sie sich sehr gut selbst regieren können. Viele haben in den vergangenen Jahrzehnten sogar sehr deutlich gemacht, dass sie gut auf «westliche Weisheit» und diverse Demokratie-Exportierungsversuche verzichten können. Viele haben recht verbissen dafür gekämpft, ihren eigenen Weg finden zu dürfen.

Pippi Langstrumpf impliziert jedoch, dass Pippis Vater allein aufgrund der Tatsache, dass er weiß ist, automatisch besonders geeignet dafür ist, der König dunkelhäutiger Menschen zu werden (auch wenn Astrid Lindgren genauso wie Karl May vor ihr sicher nicht absichtlich versucht hat, Entsprechendes zu propagieren). Wenn man unbedingt möchte, dass die eigenen Kinder mit solchen Büchern aufwachsen, ohne aber das entsprechende Gedankengut kritiklos zu übernehmen, erfordert das, ganz egal, welche Ausgabe von *Pippi Langstrumpf* man hat, trotzdem eine Lehrstunde in Sachen Kolonialismus, Rassismus und ähnlichen Themen.

Letztendlich kann man nicht erwarten, dass ein Buch, das über siebzig Jahre alt ist, heutige Werte widerspiegelt.

Glücklicherweise sind in der Zwischenzeit eine ganze Menge neuer Kinderbücher erschienen, viele davon sogar mit frechen Mädchen in der Titelrolle, sodass man eine große Auswahl an Alternativen hat.

Pippi Langstrumpf aus psychiatrischer Sicht

Um sich der Figur von Pippi Langstrumpf anzunähern, die aus heutiger Sicht noch viel phantastischer erscheint als zu ihrer Entstehung am Ende des Zweiten Weltkriegs, muss man sich klarmachen, dass Pippi Langstrumpf, die immer Kind bleiben wollte und sich schwor, niemals erwachsen zu werden, eigentlich gar kein echtes Kind ist. In Wahrheit steht sie für einen verantwortungsvollen Menschen, der sich lediglich die Seele eines Kindes bewahrt hat und auf diese Weise in der Lage ist, schwierige Zeiten (von denen man, als das Werk entstand, wahrlich genug hatte) zu überstehen.

Pippi Langstrumpf – der erste Hippie

Pippi Langstrumpf ist Halbwaise, ihre Mutter starb sehr früh – Pippi sagt, sie sei im Himmel und wache über sie. Obwohl sie ihre Mutter so früh verloren hat, ist es ihr anscheinend in ihrer frühesten Kindheit gelungen, eine sichere Bindung zu dieser aufzubauen, sodass ein Teil der Mutter internalisiert werden konnte und Pippi – trotz aller Kapriolen – eine warmherzige, fürsorgliche und verantwortungsvolle Person ist. Gleichzeitig gibt es da aber den Vater, der ein

Luftikus ist, zur See fährt und seinem Mädchen – vielleicht auch aus schlechtem Gewissen, weil es so früh die Mutter verlor – keine Grenzen setzt. Er fördert Pippi, sagt ihr, dass sie alles kann und sogar stärker ist als er selbst. Dadurch hat Pippi schon von früher Kindheit an gelernt, dass sie etwas wert ist – unabhängig davon, was sie tut oder leistet. Sie muss nicht anderen gefallen, ihr Vater liebt sie genau so, wie sie ist, und nichts kann diese Liebe erschüttern. Das ist das Wichtigste, was Eltern einem Kind mit auf den Weg geben können. Pippi hat diese elterlichen Repräsentanzen in ihrem Bewusstsein internalisiert – sie kann auf beides zurückgreifen: den verantwortungsvollen und den lockeren, kindlichen, humorvollen Modus, der es ihr erlaubt, die Welt in Frage zu stellen und sie so zu machen, wie sie ihr gefällt.

Das Kindsein ist für sie Freiheit, denn sie kann Freundschaften danach schließen, mit wem sie Spaß hat. Die genitale Liebe zwischen Erwachsenen, die oft mit Liebeskummer und Schmerz verbunden ist, wenn es um Eifersucht geht, braucht Pippi nicht – sie wäre für ihr Lebensbild auch eher lästig. Sollte Pippi jemals erwachsen werden, wird sie gewiss nicht heiraten, sondern Freunde haben, mit denen Sexualität dann eben als ein weiteres Freizeitvergnügen ausgelebt wird. Interessanterweise wäre Pippi, wenn man ihr Geburtsjahr 1945 betrachtet, somit als junge erwachsene Frau genau in die Hippie-Szene mit der freien Liebe reingerutscht. Und auch die Bekleidung der Hippies hätte gut zu ihrem Outfit gepasst, ebenso die weiten Reisen. Südsee oder Indien – wo ist da schon der Unterschied? Exotik und von anderen Menschen lernen, das ist sowohl Pippi Langstrumpf als auch der Hippie-Bewegung gemein.

Thomas und Annika –
Pippis treue Bewunderer

Thomas und Annika sind ganz normale Durchschnittskinder, mit denen sich die lesenden Kinder identifizieren können. Dabei erfüllen sie als Junge und Mädchen die passenden Stereotype – Annika ist immer etwas vorsichtig und ängstlich, Thomas wagemutiger, auch wenn er es an Wagemut nicht mit Pippi aufnehmen kann. Letztlich reifen Thomas und Annika aber an ihrer Bekanntschaft zu Pippi, und die klassisch vermittelten Rollenbilder von Junge und Mädchen verschwimmen immer mehr, bis sie nicht mehr wichtig sind – die beiden sind dann nur noch Kinder und Pippis Freunde und haben sich aus den Fesseln der Geschlechtsidentität befreit, ohne dabei jedoch ihre Identität aufzugeben. Sie können Junge und Mädchen bleiben, aber trotzdem alles tun, was ihnen gefällt. Und sich sogar von ihren Eltern emanzipieren, obwohl sie noch nicht in der Pubertät sind.

Spannend wäre es natürlich gewesen, zu sehen, ob sie sich dafür in der Pubertät von Pippi emanzipiert hätten. Wäre Pippi für pubertierende Freunde noch immer das große Vorbild? Oder würden sie sich abwenden, weil zu viel Freiheit schon wieder ausgrenzend sein kann? Weil es schwierig ist, sich zu verlieben, wenn man ständig mit Pippi skurrile Abenteuer erlebt? Irgendwann würden sie aus der Kinderwelt von Pippi herauswachsen, und so, wie sie selbst erzogen wurden, würden sie ihr nicht in die Hippie-Welt folgen, sondern in die geregelte Welt ihrer Eltern zurückkehren und selbst Familien gründen. Ihre Kinder würden Pippi aber ganz sicher besuchen.

Die Rolle der Erwachsenen in Pippi Langstrumpf

Die Erwachsenen in *Pippi Langstrumpf* eint, dass sie alle ihre kindliche Unschuld verloren haben. Sie blicken auf den Ernst des Lebens und wollen die Kontrolle bewahren – alles, was außerhalb ihrer Kontrolle ist, macht ihnen Angst. Pippi ist unkontrollierbar und konfrontiert sie somit selbst mit alten Ängsten, Sorgen, aber auch alten Wünschen und Träumen. Das Verhalten der Erwachsenen Pippi gegenüber muss auch vor dem Hintergrund der Zeit gesehen werden – wir haben gerade den Zweiten Weltkrieg hinter uns, und selbst, wenn Schweden neutral und somit nicht wirklich involviert war und die Bevölkerung verhältnismäßig sicher lebte, hat dieses Ereignis eine tiefe Erschütterung in den Seelen der Menschen hinterlassen. Alles geriet außer Kontrolle, die Welt war «verrückt geworden», wie Astrid Lindgren selbst in ihrem Tagebuch schrieb. Vor dem Hintergrund dieser Zeit konnte man nur durch harte Selbstkontrolle das Gefühl der Sicherheit aufrechterhalten. Das prägt. Sich frei zu fühlen und einfach zu tun, was man möchte, war damals viel bedrohlicher als heute. Zudem musste man immer befürchten, in diesen Krieg hineingezogen zu werden – entweder, weil man direkt in einem der Länder lebte, die ohnehin schon im Krieg waren, und man sich vor Bomben, Tod und Gewalt fürchten musste, oder weil man als neutrales Land nie wusste, ob die Neutralität respektiert würde und man tatsächlich bei einem zusammengebrochenen Welthandel noch genügend Nahrungsmittel und Rohstoffe zum Überleben bekäme. Es waren grausame Zeiten – und Pippi

Langstrumpf war die Antwort: ein Mädchen, das die Welt so macht, wie sie ihr gefällt, und den Traumatisierten aller Länder neue Hoffnung gab.

MOMO –
ein Kinderbuch, das eigentlich gar kein Kinderbuch ist

Momo ist ein gesellschaftskritisches Traktat, das erfolgreich so tut, als sei es ein Kinderbuch. Das ist Fluch und Segen zugleich, denn zum einen bedeutet es, dass es Michael Ende gelungen ist, mit einem normalerweise als langweilig und trocken geltenden Thema auf die Bestsellerliste zu kommen. Zum anderen sind viele seiner Gedanken aber an vielen seiner Leser vollkommen vorbeigegangen.

Den Effekt erreicht der Roman, indem er auf zwei Ebenen funktioniert. Man kann *Momo* einfach als das spannende Abenteuer der gleichnamigen Titelheldin lesen, ohne das Gefühl haben zu müssen, dass man etwas verpasst. Man kann die grauen Männer aber auch als eine Kritik am heutigen Geldsystem und dem Verhältnis unserer Gesellschaft zur Arbeit verstehen.

Natürlich kann man auch beides gleichzeitig tun, um den Roman in seiner Gänze zu genießen.

Von abenteuerlichen Reisen durch die Zeit und Überlegungen zu Geld und seinem Wert

Momo ist ein ungewöhnliches kleines Mädchen. Sie taucht irgendwann in einer nicht näher benannten großen Stadt auf, wo sie in einem verfallenen Amphitheater lebt. Über ihre Herkunft erfährt man nie etwas, aber sie scheint keine Eltern zu haben, und ihre Garderobe besteht aus mehrfach geflickten, nicht zusammenpassenden Klamotten. Sie redet nicht viel, aber dafür hat sie die Gabe, sehr gut zuhören zu können. So gut sogar, dass sie die Phantasie der Menschen beflügelt, alles hervorbringt, was tief in ihnen vergraben ist, und sie ermutigt, mit Freude darüber zu reden.

Dadurch wird sie schnell zu einer wichtigen Seelsorgerin in der Stadt. Ihre wichtigsten Freunde sind der Geschichtenerzähler Gigi und der Straßenkehrer Beppo. Gigis Geschichten sind besser, seit Momo ihm zuhört, und Beppo berichtet ihr gerne von allen Eindrücken, die er beim Straßenkehren sammelt, da sie ihn nicht für verrückt hält.

Zudem sind da die Kinder, deren Spiele sehr viel phantasievoller und aufregender geworden sind, seit Momo dabei ist. Kurz gesagt, Momo ist eigentlich zu gut, um wahr zu sein. Sie ist die Art von Freundin, die man sich wünscht. Jemand, der immer für einen da ist, ohne selbst etwas zu brauchen. Man weiß nicht mal so wirklich, wovon Momo lebt, was sie im Amphitheater macht, wenn es Winter wird, und ob sie nicht vielleicht mal mit irgendwem über ihre eigenen Probleme reden möchte.

Trotzdem oder gerade deshalb ist alles gut. Zumindest so lange, bis die grauen Herren kommen.

Diese rechnen Leuten vor, dass sie, wenn sie jetzt Zeit sparen, später mehr davon haben. Dadurch fangen die Leute an, durch ihr Leben zu hetzen, und versäumen es, den Augenblick zu genießen. Sie verlieren ihre Phantasie und ihre Persönlichkeit. Kurz gesagt, sie verhalten sich wie der typische überarbeitete Erwachsene.

In einem Brief an einen Kritiker bestätigte Michael Ende, dass er damit unter anderem das übermäßige Sparen von Geld kritisieren wollte. Er hatte sich mit dem Gedanken von Johann Silvio Gesell beschäftigt, nach dem Geld genau wie Waren mit längerer Lagerzeit irgendwann seinen Wert verlieren sollte. Das sollte laut besagter Theorie dazu führen, dass man sein Geld eher ausgibt, anstatt es lange anzusparen. Dass man also mehr einen Blick darauf hat, was man jetzt mit dem tut, was man hat, anstatt sich zugunsten einer fernen Zukunft totzuschuften.

Warum Michael Ende meinte, dass ein Kinderbuch der richtige Ort für finanztheoretische Überlegungen sei, werden wir wohl nie erfahren. Aber gegen Erfolg kann man schlecht argumentieren. Eventuell waren finanztheoretische Überlegungen genau das, was dem Kinderbuchmarkt in den Achtzigern des letzten Jahrhunderts noch gefehlt hat.

Nachdem die grauen Herren einige Leute von ihrer Idee überzeugt haben, gelingt es Momo durch ihre Fähigkeit des Zuhörens, diese wieder von ihrem Bann zu befreien. Das macht die grauen Herren auf sie aufmerksam. Sie versuchen zuerst, Momo mit Spielzeug zu bestechen, so, wie überarbeitete Eltern das tun würden, um auszugleichen, dass sie zu wenig Zeit für ihr Kind haben. Momo hält dagegen, dass man die ihr angebotene Puppe mit allen möglichen Extras nicht lieben könne – eine Metapher dafür, dass teurer Schnickschnack von Herzen kommende Geschenke und elterliche Liebe nicht ersetzen kann. Wir sehen schon, Michael Ende hat sich hier in Sachen Gesellschaftskritik wirklich nicht zurückgehalten.

Als die Bestechung nicht funktioniert, wollen die grauen Herren Momo beseitigen. Glücklicherweise wird Momo rechtzeitig von einer Schildkröte gerettet.

Der Name der Schildkröte ist Kassiopeia. Sie kann eine halbe Stunde in die Zukunft sehen, was es ihr ermöglicht, Momo sicher zu ihrem Herrn zu bringen: Secundus Minutus Horas, dem Hüter der Zeit.

Dort bekommt Momo einige Hintergründe erklärt. Die grauen Herren sind Zeitdiebe, die den Leuten ihre Zeit stehlen, um sie selbst zu benutzen. Sie stellen ihre Zigarren, die sie ständig rauchen, daraus her. Ohne diese Zigarren könnten sie nicht leben.

Als Momo in die echte Welt zurückkehrt, ist dort viel mehr Zeit vergangen, als sie gedacht hat, und die grauen Herren haben inzwischen die ganze Stadt übernommen. Momo entkommt ihnen nur knapp und flieht wiederum mit Kassiopeias Hilfe noch einmal zu Horas.

Um weiteres Unheil zu verhindern, legt Horas sich schlafen, was die Zeit anhält. Nur Momo und Kassiopeia erhalten eine Zeitblume, die ihnen eine Stunde Zeit gibt, um alles zu richten.

Wie gut, dass man sich immer auf Kinder verlassen kann, um eine Welt zu retten, die Erwachsene durch ihre Dummheit ruiniert haben.

Durch das Anhalten der Zeit geraten die grauen Herren

in Panik, denn nun erhalten sie keinen Zigarrennachschub mehr. Momo und Kassiopeia finden ihr Haupt-Zeitlager und verschließen es, sodass sich die Nachschubsituation weiter zuspitzt. Die letzten grauen Herren kämpfen um die verbliebenen Zigarren und verpuffen schließlich alle, als dabei keiner von ihnen schnell genug die Oberhand gewinnt.

Als Momo das Lager der grauen Herren wieder öffnet, findet sie darin unzählige gefrorene Zeitblumen. Nun, da die grauen Herren fort sind, tauen sie auf und kehren zu ihren jeweiligen Besitzern zurück. Die Menschen erhalten damit ihre Zeit zurück und hören auf, sich abzuhetzen. Horas erwacht außerdem, und die Zeit läuft wieder in ihren normalen Bahnen.

Momo aus psychiatrischer Sicht

Der Roman *Momo* ist bereits als ein Schlüsselroman angelegt, in dem die handelnden Figuren als eindimensionale Funktionsträger dienen. Jeder Handlungsträger verkörpert einen menschlichen Teilaspekt, sodass man im Grunde den gesamten Roman auf die Couch legen müsste, weil er der eigentliche Organismus ist, in dessen Innerem sich der Konflikt abspielt, den zahlreiche Menschen in ihrem Leben durchlaufen.

Betrachten wir also den Roman als Persönlichkeit und die Figuren als die einzelnen Anteile.

Momo – das unfehlbare, unschuldige, innere Kind

Die Hauptfigur Momo ist das innere Kind, das in jedem von uns lebt – die einen geben ihm mehr Raum, die anderen sperren es weg, weil es sie bei ihrer karriereorientierten Entwicklung stört.

Was zeichnet also das innere Kind Momo aus? Momo hat die Fähigkeit, die wahren Bedürfnisse aus den Seelen der Menschen herauszukitzeln, indem sie einfach zuhört. Wenn wir in uns selbst hineinlauschen und dabei alle äußeren Belastungen und Versuchungen über Bord werfen, erkennen wir, was wir wirklich wollen. Doch nicht immer haben wir den Mut, uns diese Wünsche zu gestatten, denn sie sind auch mit einem Risiko verbunden. Wir verlieren die Kontrolle, wenn wir in den Tag hineinleben, weil wir uns nicht mehr auf Eventualitäten der Zukunft vorbereiten. Wir denken dann nicht an unsere Karriere oder gar die Rente, weil wir wissen, dass unser Einfluss auf die Zukunft ohnehin begrenzt ist. Niemand weiß wirklich, was das Morgen bringt, also zeigt Momo – das innere Kind –, dass wir lieber im Heute leben sollten. Dadurch inspiriert sie die Menschen im Buch, sich selbst zu finden und glücklich zu sein – in der Gegenwart, denn die Zukunft gibt es noch nicht. Sie ist ein unbeschriebenes Blatt.

Die grauen Herren – der ewige Wunsch nach Kontrolle des Unkontrollierbaren

Die grauen Herren sind das Gegenteil von Momo – sie sind der Wunsch, die Zukunft zu kontrollieren, damit die Hoffnung bestehen kann, dass in der Zukunft alles besser, aber auf keinen Fall schlechter als in der Gegenwart wird. Sie stellen die Angst dar, die in jedem von uns mehr oder weniger verborgen wohnt, die Angst, die stets Kontrolle braucht, um nicht völlig verloren und hilflos gegen die Unbilden des Lebens kämpfen zu müssen. Man will gewappnet und vorbereitet sein. Und die grauen Herren versprechen eine Lösung – sie bieten den Menschen Kontrolle und Hoffnung.

Aber der Preis, den die Menschen zahlen müssen, ist der, dass sie dafür vergessen, in der Gegenwart zu leben. Kontrolle bedeutet auch immer, seine Leidenschaften, Träume und Hoffnungen zu zügeln, weil diese einen ablenken oder zu Risiken verleiten. Die Menschen, die Opfer der grauen Herren werden, haben nun keine Angst mehr, weil sie die Kontrolle bewahren. Sie haben keine Zeit mehr, Angst zu haben, aber sie haben auch keine Zeit mehr für die Freude und die Leidenschaft. Insofern funktioniert der Weg der grauen Herren – sie beseitigen die Angst, aber sie nehmen dafür auch gleich alle anderen Gefühle weg.

In unserem menschlichen Körper kann so etwas tatsächlich auch passieren, wenn die Angst oder andere negative Gefühle zu stark werden, z.B. Trauer nach dem Verlust eines geliebten Menschen. Dann reagiert der menschliche Körper, indem er den Botenstoff Serotonin im Gehirn vermindert ausschüttet, und die Menschen entwickeln eine Depression. Eine echte Depression ist aber nicht das, was wir unter einer traurigen Verstimmung verstehen. Eine echte, behandlungsbedürftige Depression führt letztlich zum Gefühl der inneren Leere. Sie beseitigt durch das Gefühl der Leere erst einmal die Angst und Trauer. Viele depressive Menschen beklagen, dass sie nicht einmal mehr weinen können, weil sie nichts mehr fühlen. Aber wer nichts fühlt, fühlt auch keine Freude mehr, kein Glück, keine Liebe. Da ist nur noch Leere, und deshalb ist die Selbstmordrate bei unbehandelten Depressionen nicht zu unterschätzen – Menschen halten innere Leere nicht aus.

Die grauen Herren sind also auch als Sinnbild für eine Depression zu verstehen, wenn Angst und Wunsch nach Kontrolle überhandnehmen. Das Rauchen der Zeitblumen kann auch als Verbrauch des Serotonins sinnbildlich gedeutet werden – so halten sie die Depression am Leben. Und sie verfolgen das innere Kind, dessen Lebendigkeit vielleicht einen Ausweg aus der Depression wüsste.

Wenn das innere Kind den Ausweg nur durch seine Anwesenheit zeigen könnte, wäre das im übertragenen Sinn durch eine Psychotherapie zu erreichen, die das innere Kind mit all seiner Energie wieder hervorruft. Aber wenn die Depression zu schwer ist, braucht das innere Kind Hilfe.

Meister Secundus Minutus Horas – das Antidepressivum und der Verbündete des inneren Kindes

Momo allein ist nicht in der Lage, die grauen Herren zu besiegen – zu sehr ist der Befall des Organismus mit der Depression fortgeschritten. Sie braucht Unterstützung, und die bekommt sie von Meister Horas, dem Herrn der Zeit. Als er merkt, dass Momo allein nicht in der Lage ist, die Menschen aus der Knechtschaft der grauen Herren zu befreien, greift er ein und hält die Zeit an.

In dieser Zeit hat Momo die Möglichkeit, die grauen Herren von ihrem Nachschub an Stundenblumen abzuschneiden – im übertragenen Sinn hilft diese Auszeit dem Körper des Menschen, die Sorgen auszuschalten, und das Auftauen der gefrorenen Stundenblumen kann sinnbildlich mit dem erneuten Anstieg des Serotonins verglichen werden, dessen Produktion durch die Einnahme von Antidepressiva wieder angekurbelt wird. Antidepressiva können beruhigen – sinnbildlich wie Meister Hora, der sich schlafen legt –, und sie führen dazu, dass wieder ausreichend Serotonin ausgeschüttet wird, sodass die Symptome der Depression verschwinden – sinnbildlich durch das Auftauen der Stundenblumen dargestellt.

Die Menschen wachen auf, finden zu sich selbst zurück, aber zugleich benötigen sie noch Unterstützung, um zu verhindern, dass sie jemals wieder in diese Falle geraten – aber nun können sie wieder mit Hilfe ihres inneren Kindes träumen. In der Realität wäre nach Abklingen einer schweren Depression, nachdem die Antidepressiva gewirkt haben, der Zeitpunkt für eine einfühlsame Psychotherapie, die genau dabei hilft und jene kleine Momo, die in jedem von uns lebt, unterstützt.

Warum die grauen Herren dennoch wichtig sind

Dennoch brauchen wir auch die grauen Herren – als stete Mahner, dass man nicht nur in den Tag hineinleben sollte. Ein bisschen Kontrolle und ein bisschen Vorsorge sind wichtig. Nur auf das innere Kind zu hören würde uns in schwierigen Situationen völlig auf uns selbst zurückwerfen, denn im Gegensatz zu dem inneren Kind in uns haben wir keine allmächtigen Eltern, zu denen wir im Zweifelsfall laufen können und die alles für uns regeln. Wir müssen selbst stark sein, sobald wir Erwachsene geworden sind. Aber wahre Stärke können wir nur erreichen, wenn wir alles im Gleichgewicht halten – über die Sorge um die Zukunft dürfen wir niemals die Lust an der Gegenwart verlieren. Wir können beides – für die Zukunft sorgen und zugleich im Hier und Jetzt das Leben genießen.

DER NAME DER ROSE –
Sherlock Holmes
im Mittelalter

Umberto Ecos *Der Name der Rose* war ein Welterfolg. Allein in den ersten neun Jahren nach seinem Erscheinen 1980 wurden über acht Millionen Exemplare verkauft. 1986 gab es zudem eine Verfilmung mit Sean Connery in der Hauptrolle.

Allerdings war der Roman nicht einfach ein Bestseller, sondern auch bei den Kritikern sehr beliebt, was ein Spagat ist, der nur sehr wenigen gelingt. Das Buch war Gegenstand zahlreicher literaturwissenschaftlicher Arbeiten und rief in einigen Kreisen ein plötzliches Interesse an der Mittelalterforschung hervor. Generell gilt es außerdem als perfektes Beispiel für einen postmodernen Roman, auch wenn Eco selbst dieser Einschätzung eher skeptisch gegenüberstand.

Postmoderne Literatur ist ein Begriff mit einer eher schwammigen Definition, aber generell steht er, wie der Name schon vermuten lässt, im Zusammenhang mit dem der Moderne, in der der Anspruch an die Literatur war, dass sie möglichst innovativ sein und bisher Gegebenes in Frage stellen sollte. Es wurde mit neuen literarischen Techniken experimentiert, und neue Formen des Ausdrucks wurden gesucht. Jeder, der schon einmal versucht hat, *Ulysses* von James Joyce zu lesen, und nach den ersten paar Seiten verwirrt aufgegeben hat, weil der gesamte Roman nur aus einem fortlaufenden inneren Monolog besteht, dürfte eine ungefähre Vorstellung haben, was damit gemeint ist. Moderne Literatur stellt so ziemlich alles in Frage und sucht nach neuen, eigenen Wegen. Da in Sachen künstlerischer Ausdruck so ziemlich alles Naheliegende in der Literatur schon versucht worden war, wurde sie dadurch oft eher gewöhnungsbedürftig.

Die Postmoderne schließlich war das Ergebnis der Konfrontation der Moderne mit der Erkenntnis, dass der Originalitätsanspruch kaum zu halten war. Sobald einer etwas Neues versucht hat, ist es immerhin nicht mehr neu, was die Optionen in Sachen literarischer Ausdrucksform sehr schnell sehr stark schrumpfen lässt. Man fing daher an, den Innovationsanspruch links liegen zu lassen, und verlegte sich stattdessen darauf, mit literarischen Traditionen zu spielen. Dazu bediente man sich der Intertextualität (Bezüge von Texten auf andere Texte), Metafiktionalität (die Thematisierung der Tatsache, dass ein Werk fiktional ist innerhalb dieses Werks), aber auch viel der Ironie, mit der man dem Leser signalisierte: Ich weiß, dass ich althergebrachte Methoden verwende. Indem ich klarmache, dass ich es weiß, und verwendete Klischees hin und wieder breche, bleibt es trotzdem originell.

Der Name der Rose nun ist insofern typisch postmodern, als er eine Mischung verschiedener klassischer Genres darstellt. Zum einen ist er ein Detektivroman mit sehr deutlichen Bezügen zu Sherlock Holmes. Zum anderen ist er ein historischer Roman. Zudem verwendet er klassische Kunstgriffe wie zum Beispiel die Behauptung, der Autor habe die Geschichte nicht erfunden, sondern übersetze nur ein gefundenes altes Manuskript. Aber solche Kunstgriffe werden ironisiert, indem das Vorwort mit der entsprechenden Behauptung zum Beispiel übertitelt ist mit den Worten: «Natürlich, eine alte Handschrift». Eco signalisiert hier: «Natürlich ist das ein Klischee. Ich weiß das. Ich verwende es aber nicht aus Unwissenheit oder Faulheit, sondern ironisch. Das weist mich als klug und gebildet aus. Und dich auch, lieber Leser, wenn du den Witz verstehst.»

Postmoderne Literatur ist im Prinzip eine Sammlung an Insiderwitzen für belesene Leute.

Sherlock Holmes – Die tödliche Poetik

Im November 1327 sollen sich die führenden Köpfe des Franziskanerordens in einem Benediktinerkloster mit einer Gesandtschaft von Papst Johannes XXII. treffen. Zu diesem Treffen kommt auch der Franziskaner William von Baskerville mit seinem Adlatus Adson von Melk. Die beiden sind, wie man unschwer an den Namen erkennen kann, die mittelalterliche Version von Sherlock Holmes und Dr. Watson. William ist sehr scharfsinnig und ein guter Beobachter (im Prinzip exakt wie Sherlock Holmes). Er war früher Inquisitor, hat dieses Amt aber niedergelegt, weil er die Art nicht mag, wie die meisten Inquisitoren nicht tatsächlich der Wahrheit auf den Grund gehen, sondern zufrieden sind, sobald sie jemanden gefunden haben, der aus Angst oder Unsicherheit das Verbrechen gesteht.

Bevor das Treffen jedoch stattfinden kann, wird einer der Mönche ermordet, ein Buchmaler, der ein besonderes Talent für lustige Darstellungen hatte. Seine Kunst sorgt für eine Diskussion über die theologische Bedeutung des Lachens zwischen William und einem älteren Mönch namens Jorge von Burgos. Jorge scheint jegliche Art von Fröhlichkeit zu hassen und würde wahrscheinlich nicht mal zum Lachen in den Keller gehen, weil er längst verlernt hat, wie das geht.

Der Abt des Klosters bittet William, in dem Fall zu ermitteln. Das tut dieser mit analytischen Methoden à la Sherlock Holmes, die zu dieser Zeit eigentlich noch nicht bekannt waren. Aber wir erinnern uns, Eco hat nicht tatsächlich einen historischen Roman, sondern postmoderne intertextuelle Literatur geschrieben. Und mit der richtigen Erklärung darf man auch Anachronismen in historischen Schauplätzen unterbringen.

In den nächsten Tagen gibt es immer mehr Todes- und Vermisstenfälle. Derweil decken William und Adson im Verlauf ihrer Ermittlungen alle möglichen Geheimnisse der Mönche auf. Zwischen drei von ihnen gab es eine Dreiecks-Liebesbeziehung, andere haben Verbindungen zu Häretikern. Adson leistet sich außerdem selbst einen Fehltritt, indem er sich von einem Bauernmädchen verführen lässt.

Kurz gesagt, sie kommen bei der Lösung des Falls nicht so wirklich weiter.

Ein Mönch, der sich auf Kräuterkunde spezialisiert hat, erzählt William schließlich, dass einer der Toten schwarze Flecken an den Fingern und der Zunge hatte, was auf eine Vergiftung hindeuten könnte. William und Adson finden außerdem heraus, dass diesem Toten ein Buch gestohlen wurde.

Nach einem weiteren Todesfall kommt Inquisitor Bernard Gui im Kloster an, um auf Befehl des Papstes den Fall zu lösen. In Wirklichkeit macht er aber alles nur schlimmer und bringt einen der Mönche dazu, die Verbrechen zu gestehen, obwohl er sie nicht begangen hat.

Da William davon überzeugt ist, dass die Morde mit dem verschwundenen Buch zu tun haben müssen, dringen er und Adson mehrfach in die Bibliothek des Klosters vor. Dabei stellt William mit seiner Holmes'schen Beobachtungsgabe fest, dass es der Ordnung der Bibliothek zufolge noch einen Raum geben müsste, der aber verborgen ist.

Einen Toten später finden er und Adson schließlich den Raum – und darin Jorge, den Mörder. Allerdings kommen sie zu spät, das letzte Opfer von Jorge stolpert bereits sterbend in den Raum. Es ist der Bibliothekar.

Nun enthüllt Jorge auch, warum all die anderen sterben mussten. Sie waren mit dem bisher verschollen geglaubten *Zweiten Buch der Poetik* von Aristoteles in Berührung gekommen, in dem es um die Komödie geht. Jorge hält das Buch und die darin vertretene positive Einstellung zum Lachen für so gefährlich, dass er es mit Gift präpariert hat. (Wir erinnern uns, er war schon den ganzen Roman hindurch ein Griesgram.) Jeder, der sich beim Umblättern die Finger immer wieder befeuchtet, um die Seiten besser greifen zu können, nimmt immer wieder kleine Dosen des Gifts auf, bis er schließlich stirbt. Offenbar wusste im gesamten Kloster keiner der Mönche, das man ein unschätzbar wertvolles historisches Dokument ohnehin nicht auf eine solche Art ansabbern sollte. Im Namen aller Buchliebhaber könnte man daher argumentieren, dass sie es ohnehin nicht anders verdient hatten.

Der Einzige, bei dem dieser Trick nicht funktioniert, ist

schließlich William. Als Jorge das erkennt, isst er die vergifteten Seiten des Buches und zündet dann die Bibliothek an. Er ist also nicht nur ein Griesgram, sondern hat eindeutig noch tiefgreifendere Probleme.

William und Adson gelingt die Flucht aus der Bibliothek, allerdings konnten sie das Verbrechen nicht verhindern. William ist resigniert. Er sagt, dass er versucht hat, Ordnung in einer Welt zu finden, in der es keine Ordnung gibt. Damit bricht Umberto Eco das Sherlock-Holmes-Motiv, indem er postuliert, all die Holmes'sche Vernunft könne in Wirklichkeit gar nicht mit dem Chaos in der Welt mithalten und nicht alle Probleme lösen. Das ist exakt das Gegenteil von der Prämisse, mit der Arthur Conan Doyle begonnen hatte, seine Geschichten zu schreiben. Eco konnte es damit am Ende des Romans einfach nicht lassen, noch mal so richtig postmodern zu sein.

Der Name der Rose aus psychiatrischer Sicht

In *Der Name der Rose* tummeln sich einige interessante Persönlichkeiten, die trotz ihrer Anleihen an Sherlock Holmes charakterlich völlig anders sind als Holmes und Watson.

William von Baskerville –
ein menschenfreundlicher Inquisitor

William von Baskerville zeichnet sich durch seinen Scharfsinn aus und auch seine Humanität – was ihn dazu bewog, nicht länger Inquisitor zu sein, weil er der Wahrheit verpflichtet ist und nicht dem Quälen von Menschen. Er sucht nach der Wahrheit, weil er glaubt, die Welt dadurch besser zu machen. Als er merkte, dass dies nicht mit den herkömmlichen Mitteln des Inquisitors zu erreichen ist, gab er die Funktion auf und ermittelt nun lieber in anderen Angelegenheiten. Er ist eine in sich gefestigte Persönlichkeit mit glaubwürdiger moralischer Integrität. Er hadert nicht mit seinem Zölibat, aber er verurteilt auch nicht seinen Adlatus, als der sich verführen lässt – auch wenn der junge Mann niemals den Namen der Rose erfährt, die ihn verführte. Zwar ist der sexuelle Fehltritt eines Novizen nun so gar nicht fromm, aber dafür durchaus menschlich ...

William von Baskerville ist im Grunde eine Art humanistischer Nerd, der im Klosterleben all seine Leidenschaften ausleben kann. Eine Frau würde da nur stören, und die Sexualität scheint er nicht zu vermissen. Er weist viele schizoide Züge auf – auf der einen Seite will er dazugehören, einer Gemeinschaft angehören, aber dann möchte er doch auch lieber wieder für sich allein sein. Hier haben wir den klassischen Autonomie-versus-Abhängigkeitskonflikt, den William geschickt dadurch löst, dass er Mitglied eines Ordens wird, also einer Gemeinschaft angehört, sich aber doch die Freiheit nimmt, durch die Welt zu reisen, andere Klöster zu besuchen und Verbrechen aufzuklären. In einer normalen Familienstruktur wäre er nicht glücklich geworden und so hat er seine Schwäche zu seiner Stärke gemacht, sein schizoider Charakterzug – der Wunsch, einerseits mit der Umwelt zu verschmelzen, aber dann auch wieder allein und eigenständig zu sein – findet in dieser Lebensform seine Vollendung.

Adson – der jugendliche Begleiter, der gar kein Watson ist

Der junge Adson begleitet William als Novize. Bei Adson fragt man sich, warum er überhaupt ins Kloster ging. Vermutlich war es gar nicht seine eigene Berufswahl, sondern sie geschah – wie so oft im Mittelalter – aus familiären Erwägungen, wenn man nicht genügend Geld hatte, allen Söhnen eine Ausbildung zum Ritter zu finanzieren.

Adson ist im Grunde ein netter junger Mann, wissbegierig, der seinem Meister folgt, aber nebenher auch den Torheiten der Jugend nicht abgeneigt ist. So macht er trotz des Zölibats sexuelle Erfahrungen und glaubt, verliebt zu sein, da er noch nicht den Unterschied zwischen Verliebtheit, Sexualität und Liebe gelernt hat. Letztlich macht es das am Schluss auch für ihn leichter, das Mädchen – die unbekannte Rose – einfach loszulassen und als Erfahrungswert zu verbuchen. Etwas von dem brillanten Scharfsinn eines Doktor Watson bringt Adson nicht ein – er ist einfach der nette Junge von nebenan, der Mönch werden möchte. Sämtliche seiner Krisen werden eindeutig durch eine völlig normale Adoleszentenentwicklung erklärt. Und da er später auch der Chronist ist – die einzige wirkliche Gemeinsamkeit mit Watson –, scheint er sich ja auch erfolgreich in seinem Leben als Mönch etabliert zu haben. Psychotherapeutische Hilfe wird er vermutlich niemals nötig gehabt haben.

Jorge von Burgos – der Extremist, der auch vor Selbstvernichtung nicht zurückschreckt

Jorge von Burgos, der Antagonist des Romans, erfüllt alle Kriterien eines religiösen Fanatikers. Er hat keinerlei Humor, hält Lachen für eine Sünde und schreckt deshalb auch vor Mord nicht zurück, um seine Sichtweise auf die Welt durchzusetzen. Dabei ist er jedoch so konsequent, dass er sich am Ende selbst vernichtet, indem er die Seiten des vergifteten Buches isst. Somit zerstört er das Werk und entzieht sich selbst einer irdischen Gerechtigkeit. Als klassischer Fanatiker rechnet er nicht damit, dass er im Jenseits bestraft werden könnte, sondern geht vermutlich davon aus, dass er im Himmel für seine Taten belohnt wird – schließlich handelte er doch nur gottgefällig, weil er nicht wollte, dass jemand über Gott lacht.

Über die Biographie von Jorge wissen wir so gut wie nichts, was es schwierig macht, seine Entwicklung zum mordenden Religionsfanatiker nachzuvollziehen. Wir lernen ihn schon in seiner schlimmsten Ausprägung kennen. Somit kann man nur darüber spekulieren, warum er das Lachen so sehr verabscheut. Abscheu und Hass sind oftmals Projektionen eigener Bedürfnisse, und so könnte es zwei gegensätzliche Ursachen haben, warum er zu einem derart harten, kalten Fanatiker wurde.

Die erste Vermutung könnte nahelegen, dass er in jungen Jahren selbst Opfer von Spott wurde – das Lachen wurde ihm verhasst, weil andere sich über ihn lustig machten und ihn womöglich auslachten. In seiner eigenen Selbsterhöhung gibt er an, er sei gegen das Lachen, weil er befürchte, man könne auch über Gott lachen, wenn einem nichts mehr heilig sei. Dadurch aber, dass Jorge sich selbst zum Richter und Henker in einer Person aufschwingt, erhöht er sich selbst und kann nun seinen niedersten Rachephantasien nachgehen, indem er behauptet, er täte es, um Gott zu schützen. Auch heute noch eine sehr beliebte Ausrede von religiösen Fanatikern jedweder Glaubensrichtung, die ihre niederen Triebe mit ihrer Gottgefälligkeit begründen und sich nach ihrem Tod vermutlich wundern werden, dass sie gar keine Belohnung dafür erhalten – denn das eigentlich Ketzerische ihrer Taten ist ihnen nicht bewusst. Sie schwingen sich zu Gottes Vollstrecker auf, ohne zu wissen, was Gott tatsächlich will – sie missbrauchen die Religion für niedere Ziele, um ihr eigenes, schwach ausgeprägtes Selbstwertgefühl zu erhöhen.

Die zweite Variante, die Jorge zum Mörder und Extremisten machte, könnte das Gegenteil zur Ursache haben. Vielleicht war Jorge früher ein lustiger junger Bursche, dem sein Humor durch grausame Praktiken ausgetrieben wurde. Vielleicht hat er selbst gern gelacht und Scherze gemacht, hat dafür aber stets schwere Misshandlungen erdulden müssen. Irgendwann passierte dann das, was man «Identifikation mit dem Aggressor» nennt: Um weiteren Strafen zu entgehen, wurde er selbst zum Strafenden – so lange, bis es ein Teil seiner Persönlichkeit geworden war und von ihm selbst nichts mehr übrig blieb. Für diese Vermutung spricht die Tatsache, dass er sich am Ende selbst vernichtet – indem er stirbt, muss er sich nicht mit einem Gerichtsverfahren belasten, in dem womöglich alte Wunden aus seiner Kindheit und Jugend aufgerissen werden. Er kann dem entfliehen, kann den unbequemen Teil seines Selbst zum Schweigen bringen, indem er ihm im wahrsten Sinne des Wortes mit vergifteten Buchseiten das Maul stopft.

Jorge von Burgos ist zwar ein religiöser Fanatiker, der vor Mord nicht zurückschreckt, aber tief in seinem Innersten ein armes Würstchen, das unser Mitleid verdienen würde, wenn es nicht so verachtenswert wäre.

Hätte Jorge von Burgos von einer Psychotherapie profitieren können?

Das ist eine sehr interessante Frage, denn sie beschäftigt häufig forensische Psychiater. Was wäre gewesen, wenn Jorge in der heutigen Zeit gelebt hätte und wegen einer schweren Persönlichkeitsstörung in die forensische Psychiatrie eingewiesen worden wäre, um seine Störung behandeln zu lassen? Hätte es einen Weg der Heilung gegeben? Hätte man aus dem fanatischen, religiösen Extremisten einen liebenswerten Menschen machen können?

Die Antwort lautet NEIN. So hart es klingt, aber auch wenn viele Richter glauben, sie täten den Straftätern etwas Gutes, wenn sie ihnen eine Psychotherapie in der forensischen Psychiatrie aufzwingen, so muss man doch konstatieren, dass Menschen mit schwerwiegenden Persönlichkeitsstörungen, die bereits getötet haben, meist nicht behandelbar sind. Sie haben eine perfekte Abwehr gegen ihre eigenen, unerträglichen Minderwertigkeitskomplexe gefunden. Nichts verleiht mehr Macht, als über Leben und Tod eines anderen zu bestimmen. Wenn dann noch religiöser Fanatismus hinzukommt, ist es nahezu unmöglich, einen Zugang zu diesem Menschen zu bekommen, denn er ist ja nicht umsonst so geworden, wie man ihn jetzt kennt. Das extremistische Verhalten verleiht Macht und Selbstschutz. Um sich auf eine Therapie einzulassen, müsste er beides aufgeben – und das für einen zweifelhaften Gewinn. Er müsste sich dann dem armen Würstchen stellen, das er wirklich ist. Also wird er lieber auf Konfrontationskurs mit dem Therapeuten gehen und versuchen, in den therapeutischen Sitzungen die Oberhand zu gewinnen. Und wenn das alles nichts nützt, wird er sich einfach starrsinnig auf die Religion berufen und dem Therapeuten im Geist oder auch in echten Worten die Hölle androhen. Er wird alles dafür tun, seine Unantastbarkeit aufrechtzuerhalten. In den wenigen Fällen, in denen sich tatsächlich ein emotionales Fenster öffnet, ist der betroffene Täter hochgradig gefährdet, sich zu suizidieren – denn dann kommt er ja mit all seinen abgewehrten Affekten in Kontakt. Und genau das passiert Jorge von Burgos im Showdown, weshalb er den Weg der heilsamen Selbstvernichtung wählt – heilsam, weil er sich nun nicht mehr mit seinem eigenen Elend auseinandersetzen muss.

FÜNFTE ETAPPE DER WELTLITERATUR:
21. JAHRHUNDERT

Nachdem die Menschheit ganz langsam (wenn auch noch nicht überall) anfängt zu verstehen, dass sich gegenseitig zu bekriegen letztendlich zu wenig führt, kann man sich nun auf neue Probleme konzentrieren, für die man bisher zu beschäftigt war. Umweltverschmutzung und Überbevölkerung wären da nur zwei Beispiele. Allerdings ruht sich die ältere Generation ganz gerne mal auf «So haben wir das halt schon immer gemacht» aus, und so sind es oft die jungen Leute, die Veränderungen anstoßen. Diese wachsen entsprechend auch mit Geschichten auf, in denen Leute in ihrem Alter die Welt retten und Revolutionen starten, während die Erwachsenen oft tatenlos zusehen und am Status quo festhalten, weil sie sich zu sehr vor Veränderungen fürchten.

Zudem ist das 21. Jahrhundert das Jahrhundert, in dem man sich für die Rechte von Minderheiten einsetzt. Es gibt Anti-Diskriminierungsgesetze, Ehe für alle, und das Idealbild ist eine Gesellschaft, in der jeder nach seiner Façon glücklich werden darf. Toleranz ist das Zauberwort des 21. Jahrhunderts, das schon das ausgehende 20. Jahrhundert zu prägen begann. Und diese Toleranzbestrebungen umfassen nun auch die Literatur – die klassischen Gut- und Böse-Konstellationen sind aus der Literatur längst nicht verschwunden, aber es wird moderner, sich dem sogenannten «Bösen» zuzuwenden, um dann festzustellen, dass es das «Böse» gar nicht gibt, sondern alles eine Frage des Standpunktes ist.

HARRY POTTER –
Der Junge,
der die Welt eroberte

Harry Potter ist nicht einfach eine erfolgreiche Buchreihe, sondern die Bücher und Filme haben eine gesamte Generation geprägt. Über zwanzig Jahre war Harry als Buch, Film oder Theaterstück immer wieder präsent und ist inzwischen nicht mehr aus der heutigen Popkultur wegzudenken.

Die sieben Bände der Romanreihe erschienen innerhalb von zehn Jahren zwischen 1997 und 2007. Der letzte Film der Original-Reihe kam 2011 in die Kinos. Aber gerade erst 2018 konnte man sich *Phantastische Tierwesen: Grindelwalds Verbrechen* ansehen, die Fortsetzung eines filmischen Ablegers der Reihe, die auf dem Namen eines darin erwähnten Schulbuchs basiert. Und das allein sagt schon einiges darüber aus, wie viel Geld das gesamte Franchise bisher eingespielt hat.

So ziemlich jeder dürfte von Harry Potter zumindest schon mal gehört haben. So ziemlich jeder unter 30 hat außerdem mindestens einen der Filme gesehen, wenn nicht alle, und weiß im Zweifelsfall auf die Frage zu antworten, in welches Hogwarts-Haus er wohl gehöre. In manchen Teilen des Internets ist das inzwischen wichtiger als das Sternzeichen.

Harry Potter war ein so bedeutender Teil im Leben einiger junger Leute, dass zum Ende der Reihe eine Hilfe-Hotline eingerichtet wurde für Fans, die nicht damit klarkamen, dass die Geschichte zu Ende war.

Warum ausgerechnet *Harry Potter* so ein Phänomen geworden ist, kann keiner wirklich sagen, denn Geschichten über Leute, die Magie an einem Internat lernen, gab es vorher bereits viele. Trotz vieler Theorien dazu wird die Frage wohl immer ungeklärt bleiben.

Wir haben allerdings unsere eigene: Neben einer faszinierenden Welt voller interessanter Details, in die man eintauchen kann, bietet *Harry Potter* auch interessante und vor allem realistische Charaktere und immer wieder Themen, die für Kinder relevanter sind, als man glaubt.

Sieben Jahre Schulalltag – mit Magie

Harry Potters Leben war bis zu seinem elften Geburtstag kein Zuckerschlecken. Er wuchs bei seiner Tante und seinem Onkel auf und wurde dort als Kind zweiter Klasse behandelt. Er musste unter der Treppe leben, bekam wenig Liebe und wurde von seinem Cousin Dudley getriezt.

Mit elf jedoch erhält er ein Aufnahmeschreiben von Hogwarts, der Schule für Hexerei und Zauberei. Es stellt sich heraus, dass er in der Zaubererwelt eine Berühmtheit ist, denn der böse Voldemort ist bei dem Versuch, ihn zu töten, als er noch ein Baby war, einfach verpufft. Die Liebe von Harrys Mutter hat ihn geschützt, und er hat nur eine blitzförmige Narbe auf der Stirn zurückbehalten. (Es ist ein Glück für Harry, dass Voldemort sich die Mühe gemacht hat, ein Baby mit Hilfe von Magie umbringen zu wollen. Hätte er Baby-Harry einfach mit einem Kissen erstickt, hätte die Liebe seiner Mutter herzlich wenig ausrichten können.)

Zuerst einmal ist deshalb jeder sehr aufgeregt, Harry kennenzulernen, sogar der arrogante Draco Malfoy, der im gleichen Alter ist wie Harry. Die Malfoys gehören einer sehr alten Zaubererfamilie an und sind der Ansicht, dass muggelgeborene Zauberer, also Leute mit magischem Talent, deren Eltern aber keines hatten, keinen Platz in der Welt der Magier haben. Im Laufe der Bände stellt sich dann auch heraus, dass die Malfoys ehemals zu den Todessern gehörten. Das sind Anhänger Voldemorts, die man sich wie eine Art magische Version des Ku-Klux-Klans vorstellen kann. Der größte Unterschied ist, dass sie schwarze Roben tragen anstelle von weißen.

Der Lehrer Severus Snape ist ebenfalls ein ehemaliger Todesser, der dann aber die Seiten wechselte. Doch dazu kommen wir später.

Harry findet auch einige echte Freunde. Die wichtigsten sind Ron, ein Junge aus einer armen und sehr kinderreichen Familie, die Harry sofort mehr oder weniger adoptiert, und Hermine, ein äußerst kluges Mädchen, dessen Eltern Zahnärzte sind und keine Ahnung von Magie hatten, bis der Brief von Hogwarts kam. Am Anfang ahnen die beiden nicht, dass mit Harry befreundet zu sein für sie bedeuten wird, jedes Schuljahr wieder die Welt zu retten. Aber was tut man nicht alles für seine Freunde ...

Während Snape Harry und seine Freunde vor allem triezt,

ist der Leiter der Schule, Albus Dumbledore, ein großer Unterstützer der drei. Zumindest solange «Unterstützung» bedeutet, dass er rätselhafte Andeutungen machen kann, ohne tatsächlich irgendetwas dafür zu tun, dass seine Schule auch nur ansatzweise sicher ist (durch eine der Schultoiletten gelangt man in eine geheime Kammer, in der ein Basilisk lebt, Nachsitzen bedeutet, dass man in einen dunklen Wald voller tödlicher Kreaturen geschickt wird, die Hälfte der Lehrer ist mehr als nur ein bisschen mental instabil und der Schulstoff teilweise äußerst bissig). Außerdem ermuntert er Harry immer wieder dazu, sich in lebensgefährliche Situationen zu begeben, und wird erst im vorletzten Buch wirklich selbst aktiv.

Vor diesem Hintergrund spielt sich nun mehrere Jahre lang immer wieder Folgendes ab: Es gibt einen neuen Lehrer in Verteidigung gegen die Dunklen Künste, weil dem alten jedes Jahr irgendetwas Schreckliches zustößt. Dieser Lehrer ist immer verdächtig und mal tatsächlich damit beschäftigt, Voldemort zurückzuholen, mal in Wirklichkeit nett, aber ein Werwolf, mal einfach unfähig und mal von der Regierung geschickt, um jegliche Gerüchte zu unterdrücken, dass Voldemort zurückkehren könnte. Was auch immer davon zutrifft, er spielt ständig eine wichtige Rolle in Harrys neuestem Abenteuer.

Dieses besteht jedes Jahr wieder darin, dass Harry Hinweise darauf findet, dass Voldemort zurückkehrt. Daraufhin hält ihn jeder für verrückt, und keiner hört ihm zu, bis sein Beliebtheitslevel zum Ende des Schuljahrs hin in den Keller sinkt. Dann vereitelt er den aktuellen Versuch, Voldemort zurückzuholen, oder zerstört einen Horkrux (einen

Gegenstand, in dem Voldemort einen Teil seiner Seele versteckt hat und der ihm dabei hilft, seine Unsterblichkeit zu sichern), und manchmal mag man ihn dann wieder. Hin und wieder gibt es Abweichungen von diesem Schema. In Band vier gelingt Voldemort tatsächlich die Rückkehr. In Band sieben verbringen Harry, Ron und Hermine die meiste Zeit gar nicht in der Schule, sondern beim Zelten im Wald, während sie keine Ahnung haben, was es weiter zu unternehmen gilt.

Letztendlich geht es insgesamt darum, dass Voldemort vor seinem Tod seine Seele in sieben Horkruxen versteckt hat, was ihm überhaupt erst eine Rückkehr erlaubt. Nach und nach müssen diese vernichtet werden, damit man ihn endgültig besiegen kann. Diese Aufgabe fällt größtenteils Harry und seinen Freunden zu, weil die Erwachsenen zu beschäftigt damit sind, ihnen nicht zu glauben, dass Voldemort tatsächlich zurückkehren könnte. (Zumindest alle außer Dumbledore, der aber nicht viel Hilfreiches tut und dann schließlich stirbt, gerade als er anfängt, nützlich zu sein.)

Ihren Höhepunkt erreicht die Ungläubigkeit der Erwachsenen in Band fünf, als das Ministerium für Magie aus Angst vor der Wahrheit aktiv versucht, jegliches Gerede über eine mögliche Rückkehr Voldemorts zu unterbinden. Zu diesem Zweck schicken sie unter anderem die schrecklichste Lehrerin aller Zeiten nach Hogwarts: Dolores Umbridge. Dieses in Pink gehüllte Grauen in Person ist unter *Harry-Potter*-Fans generell verhasster als Voldemort selbst und wendet Taktiken an, die man sonst vor allem von Diktatoren kennt, die gegen Kritiker innerhalb ihres eigenen Volkes kämpfen. Doch auch wenn sie das schlimmste Beispiel wenig hilfreicher Erwachsener darstellt, bleiben Harry, Ron und Hermine bis zum Ende größtenteils Einzelkämpfer, nur hin und wieder unterstützt von anderen Schülern.

Schließlich gelingt es Voldemort, Hogwarts zu stürmen, und alles endet in einem großen Kampf, den Harry und seine Freunde am Ende natürlich gewinnen.

Harry schließt seine Schulausbildung ab, wird Auror (geht also zur magischen Polizei) und gründet eine Familie. Ein Ende, das von vielen als ein wenig zu spießig kritisiert wurde, vor allem weil der letzte Satz lautet: «Und alles war gut.»

So unrealistisch wollen die meisten Leser nicht mal ihre Fantasy-Romane haben.

Harry Potter aus psychiatrischer Sicht

Harry Potter ist ein großartiges Beispiel dafür, wie eine magische Fantasy-Welt gerade durch glaubhafte Charaktere so realistisch wird, dass man ihr auch alles andere glaubt. Die Helden haben eigene Probleme, Ecken und Kanten, und mindestens die Hälfte könnte von einer Psychotherapie profitieren, weil sie ernsthafte Störungsmerkmale von einer Posttraumatischen Belastungsstörung über eine chronifizierte Depression bis hin zur Psychopathie zeigen. Im Grunde könnte man für jeden einzelnen Charakter eine Psychoanalyse verfassen, aber das würde den Rahmen dieses Büchleins sprengen und vermutlich sieben Bände dauern, sodass wir uns auf die Hauptcharaktere beschränken, die wesentliche Rollen in den einzelnen Bänden spielen.

Harry Potter –
das geliebte ungeliebte Kind

Harry Potter ist ein sehr interessanter Charakter, der über eine ganz besondere Resilienz in der frühesten Entwicklungsgeschichte verfügt. In Band eins kommt er als Baby zu den Dursleys, aber er muss ein sehr weit entwickeltes Baby gewesen sein, denn im Laufe der Geschichte findet man auch ein zerrissenes Bild, auf dem der kleine Harry auf einem Kinderspielbesen fliegt – sozusagen das Bobby-Car der Zaubererwelt –, als er noch mit seinen Eltern zusammenlebte. Das bedeutet zwangsläufig, dass Harry der klassischen Kleinkinderentwicklung voraus war, da Säuglinge normalerweise weder ein Bobby-Car noch einen Kinder-Zauber-Besen beherrschen. Vor diesem Hintergrund ist es nachvollziehbar, dass Harry schon in jungen Jahren von der Liebe und Fürsorge seiner Eltern so sehr profitieren konnte, dass dies seine junge Persönlichkeit nachhaltig festigte und ihm half, bei den späteren Demütigungen und der Vernachlässigung durch seine Pflegefamilie keine Persönlichkeitsstörung zu entwickeln. Nur ein einziges Trauma ist ihm geblieben – die Erinnerung an die Schreie und das Flehen seiner Mutter, als sie Voldemort um Harrys Leben bittet und dabei selbst getötet wird. Doch Harry gelingt es, auch aus dieser Schwäche eine Stärke zu machen – er begreift, dass er Angst vor der Angst selbst hat, und lernt sie zu kontrollieren. Dabei unterstützt ihn Remus Lupin, ein alter Freund seiner Eltern, der für ihn sowohl väterlicher Freund als auch Psychotherapeut in einem ist.

Es ist zudem bemerkenswert, dass Harry die Fähigkeit hat, Beziehungen und Bindungen einzugehen, obwohl eine Kindheit wie die seine bei den Dursleys bei weniger stabilen Kindern vermutlich zur Entwicklung einer Beziehungsstörung beigetragen hätte. Bemerkenswert ist auch, dass Harry trotz all der Demütigungen, die er ertragen muss, niemals von Rachegedanken durchdrungen ist, sondern selbst dann, wenn sie ihn zu überkommen drohen, eine gewisse Selbstreflexion behält. Wer weiß, ob der abgewehrte Fluch nicht auch einen Teil der Seele seiner Mutter mit ihrer eigenen Reife in ihm implementiert hat – einen Teil von Voldemorts Seele als den letzten Horkrux bekam er schließlich auch ab, doch glücklicherweise nichts von dessen bösartigem Charakter, sondern nur ein paar brauchbare Fähigkeiten wie beispielsweise die, mit Schlangen reden zu können.

Wenn man sich Harrys Entwicklung aus psychiatrischer Sicht ansieht, bekommt die Bezeichnung «der Junge, der überlebt hat» gleich eine völlig andere Bedeutung. Es geht vielmehr um das seelische Überleben. Er ist ein ganzer Mensch geblieben, er hat keine schwerwiegenden seelischen Traumata erlitten. Er ist eine starke Persönlichkeit, die niemals ihr Gefühl für Richtig und Falsch verloren hat. Und somit bleibt er auch für seine Freunde stets der moralische Kompass – sie können sich an Harry ausrichten, denn etwas moralisch Verwerfliches wird Harry niemals tun. Das ist für ihn völlig ausgeschlossen – er kann es nicht. Er kennt nicht einmal Eifersucht gegen seinen Cousin Dudley – er nimmt es einfach so hin. Vielleicht, weil er begriffen hat, dass Dudley im Grunde viel ärmer dran ist als er selbst. Weil Dudley keine Grenzen gesetzt bekommt und dadurch keine Träume mehr hat, keine Ziele, sondern all seinen Frust in sich hineinfuttert. Während Harry in seiner Kindheit benachteiligt ist, hat er noch Ziele und Träume – für ihn kann es nur besser werden. Dudley hat nichts von alldem – was ihn aggressiv und unleidlich macht. Und so zeigt sich am Beispiel von Harry Potter auch noch einmal ganz deutlich, dass die antiautoritäre Erziehung mit sofortiger Wunscherfüllung bei gleichzeitig fehlender Grenzsetzung ebenfalls keine glücklichen Menschen hervorbringt – denn glücklich kann nur der sein, der den Wert der Arbeit kennt und dann auf seine eigenen Leistungen stolz sein kann, wenn er ein Ziel endlich erreicht hat – etwas, von dem Harry wenigstens träumen konnte, sein Cousin aber nicht. Für den konnte das Leben nur schlimmer und nicht besser werden.

Hermine Granger – die Streberin

Hermine ist die Strebsamkeit in die Wiege gelegt worden – was anderes blieb ihr bei zwei Eltern, die Zahnärzte sind, nicht übrig. Medizinstudiengänge im Allgemeinen und Zahnmedizinstudiengänge im Besonderen setzen Fleiß und Strukturierung voraus, wenn man erfolgreich sein will. Man muss viele Dinge auswendig lernen, um die Prüfungen zu bestehen, von denen man am Schluss kaum noch was braucht. Wenn sich also zwei Zahnärzte zusammenfinden und Nachwuchs zeugen, gibt es zwei Möglichkeiten – entweder entwickelt sich das Kind als perfekte Kopie der Gene beider Eltern und wird zu einem Bilderbuchstudenten, oder es rebelliert und studiert irgendwas Unnützes wie Philosophie über dreißig Semester, während es nebenher im Esoterik-Laden um die Ecke jobbt.

Hermine wird nun damit konfrontiert, dass sie sogar

noch besser ist – sie muss nicht bloß Zahnmedizin oder ein vergleichbar angesehenes Fach studieren, sondern sie darf eine waschechte Hexe werden. Etwas, wovon jeder in einem Esoterik-Laden jobbende Zahnarztnachwuchs träumt. Und natürlich hat sie in ihrer angeborenen Wissensgier schon vor Beginn des Studiums alle Bücher durchgelesen und weiß alles, was darin steht, besser als so mancher Lehrer. Allerdings handelt Hermine nicht so, weil sie angeben will, sondern weil es ihr im Blut liegt. Sie saugt Wissen wie ein Schwamm auf, sie ist die Hochbegabte der Gemeinschaft, was es ihr am Anfang allerdings auch etwas schwermacht, soziale Kontakte zu knüpfen.

Wie bei vielen Hochbegabten fehlt ihr zunächst die Fähigkeit, zu erkennen, dass andere nicht genauso schnell denken können wie sie. Und sie ist zudem sehr regeltreu. Regeln sind dazu da, eingehalten zu werden, weil das Kontrolle über das Leben gibt. In Band eins lernt Hermine dann aber, dass Regeln nicht nur deshalb eingehalten werden müssen, weil sie da sind. Man darf sie brechen, wenn es einen gewichtigen Grund dafür gibt – nichts ist in Stein gemeißelt. Und nachdem sie diese Lektion gelernt hat, hat sie eigentlich schon alles begriffen, was einen guten Menschen ausmacht – und sie findet Freunde, die sich bedingungslos auch in jedem Regelbruch auf sie verlassen können, wenn es der großen, gemeinsamen Sache dient. Im Gegenzug weiß Hermine auch, dass man sich auf sie verlassen kann. Und passend dazu, dass sich Gegensätze anziehen, verliebt sie sich schließlich ausgerechnet in den gewöhnlichsten der Gefährten – der dies aber durch emotionale Intelligenz ausgleicht, die er in seiner Großfamilie gelernt hat. Und damit kommen wir zu Ron Weasly.

Ron Weasly – ein Kind unter vielen

Ron ist der Einzige im Dreiergespann, der nichts Besonderes ist. Er ist der typische Junge von nebenan aus einer kinderreichen Familie, die keine großen materiellen Güter hat, aber dafür viel Liebe und Nestwärme. Selbst wenn er sich manchmal als einer unter vielen nicht ausreichend gesehen fühlt, so weiß er doch, dass er geliebt wird und sich immer auf seine Familie verlassen kann. Er hat gelernt, dass man sich streiten darf und trotzdem nicht hassen muss, sondern sich wieder versöhnen darf. Aber er hat als ein Kind unter vielen auch gelernt, was Eifersucht ist – und dieses Motiv zieht sich durch sein Leben. Hermine und Harry kennen keine Eifersucht und verstehen manche von Rons Handlungsweisen deshalb nicht. Das Einzige, gegen das Ron im Leben ankämpfen muss, ist seine Eifersucht, und letztlich kann er sie auch überwinden, weil er genügend Vertrauen in seine Umwelt in seiner frühesten Kindheit entwickeln konnte.

Ron ist ein sehr geerdeter Charakter, der auf die Nerds Harry und Hermine ebenfalls erdend wirkt und deshalb von beiden geschätzt wird. Ron ist ihr Fenster in die Welt der normalen Familien, die weder Harry noch Hermine aufgrund ihrer Familienkonstellationen kannten. Ron zeigt auch, dass man nichts Besonderes sein muss, um gemocht zu werden, wenn man emotional für andere wichtig ist. Und das kann man allein durch Freundschaft und Loyalität sein. Ron ist somit ein völlig normaler Junge seiner Zeit.

Draco Malfoy – der Junge,
der seiner Familie gefallen will

Draco Malfoy ist eine besonders bedauernswerte Figur – in gewisser Weise ein Seelenverwandter von Dudley, aber dort, wo Dudley alles bekam, was er wollte, erfährt Draco, dass er nur geliebt wird, wenn er genau so funktioniert, wie seine Familie es für ihn geplant hat.

Draco entstammt einer Familie von Todessern, die sich schon früh Voldemort angeschlossen haben, weil sie sich als sogenannte Reinblüter für etwas Besseres hielten. Voldemort selbst ist ein Halbblut, weshalb er eigentlich zu den Leuten gehört, auf die die Familie Malfoy normalerweise herabsieht. Aber da er sehr mächtig ist, spielt die Abkunft plötzlich keine Rolle mehr. Der junge Draco Malfoy lernt schon früh, dass es bessere und schlechtere Zauberer-Familien gibt. Selbst reinblütige Familien gelten als schlechte Familien, wenn sie sich mit Muggeln abgeben. So beispielsweise die Weasleys.

Um in seiner Familie Anerkennung zu bekommen, muss Draco sich an diesen Kodex halten. Bereits von klein auf lernt er, dass er sich nicht mit «minderwertigen» Familien oder Menschen abgeben darf, wenn er nicht die Anerkennung und damit verbunden auch die Zuneigung und Liebe seiner Familie verlieren möchte. Besonders sein Vater Lucius fördert dieses Verhalten. Auf diese Weise entwickelt sich bei dem jungen Draco ein klassischer Narzissmus, da er lernt, dass er nicht um seiner selbst willen geliebt wird, sondern nur dann, wenn er im Sinne seiner Familie funktioniert.

Allerdings gibt es noch einen Lichtblick in seiner Erziehung, das ist seine Mutter, die ihn um seiner selbst willen liebt und somit am Schluss auch dazu beiträgt, dass die Familie sich von Voldemort lösen kann. Draco kann deshalb auch auf gesunde Persönlichkeitsanteile zurückgreifen und bestimmte Handlungen, zu denen ihn seine Familie zwingen will, wie beispielsweise dem Mord an Dumbledore, unbewusst verweigern. Letztlich ist Draco ein Beispiel dafür, wie eine falsche Erziehung aus einem eigentlich netten Menschen ein egoistisches Arschloch machen kann. Glücklicherweise gelingt es Draco am Ende, noch rechtzeitig die Kurve zu bekommen.

Severus Snape – der tragische Held

Severus Snape ist die vielschichtigste und interessanteste Figur im Harry-Potter-Universum. Im Verlauf der sieben Bände erfahren wir sehr viel über seine Vergangenheit und seine Kindheit. Severus Snape wurde als Sohn einer Hexe und eines Muggels geboren. Sein Vater war ein gewalttätiger Mensch, der nicht damit zurechtkam, dass seine Frau magisch begabt war. Der kleine Severus wurde deshalb schon früh vernachlässigt und war auf sich allein gestellt. In dieser Zeit lernte er Lily kennen, Harrys spätere Mutter. Die beiden verband schon früh eine Kinderfreundschaft, aus der sich in der Jugend auf Seiten von Severus eine Liebe entwickelte. Doch Lily sah in ihm weiterhin nur den Freund. Gleichzeitig wurde Severus von Harrys Vater James Potter und dessen Freund Sirius Black immer wieder verspottet und aufgezogen. Als Lily Severus einmal in Schutz nahm, erlebte der junge Severus das jedoch als Demütigung, da er sich nun noch schwächer fühlte. In dieser psychischen

Ausnahmesituation beleidigte er Lily, und die Freundschaft kühlte merklich ab. Lily fühlte sich seitdem mehr zu James Potter hingezogen und verliebte sich in ihn. Dies war eine massive Kränkung für Severus, der nun seine große Liebe ausgerechnet an seinen Erzfeind verloren hatte. Aus Trotz und vielleicht auch Rachewunsch heraus schloss er sich den Todessern an. Gleichzeitig versuchte er, Lily trotz allem zu beschützen. Als er erfuhr, dass Voldemort seine Lily getötet hatte, war er am Boden zerstört und schwor zugleich Rache an Voldemort. Ab diesem Zeitpunkt begann er ein doppeltes Spiel und setzte all seine Energie ein, um Voldemort zu vernichten.

Zu Harry Potter hatte er zeitlebens ein zwiegespaltenes Verhältnis, da Harry ihn auf der einen Seite stets an seinen verhassten Erzfeind James Potter erinnerte, andererseits aber auch an seine große Liebe Lily, deren Augen Harry geerbt hatte. Nach außen hin behandelte er Harry schlecht, aber tatsächlich schützte er ihn vom ersten Tag an heimlich. Severus ist insofern eine tragische Figur, da er durchaus die Chance gehabt hätte, eine Beziehung mit Lily einzugehen, ihr aber nicht rechtzeitig klarmachte, dass seine Gefühle über bloße Freundschaft hinausgehen. Da er nie eine positive Paarbeziehung seiner Eltern als Vorbild hatte erleben können, scheiterte er bei diesem Versuch. Und sein Verhalten, als Lily ihn gegen James Potter in Schutz nahm, zementierte diese Unfähigkeit noch dazu und trieb Lily endgültig in die Arme eines anderen. Dennoch bewahrte Severus sich die Fähigkeit zu lieben, denn ohne diese Fähigkeit und seinen Einsatz hätte Voldemort niemals besiegt werden können. Severus Snape ist somit der größte Held im Harry-Potter-Universum, eben gerade weil er nicht nach Heldentum strebte, sondern nur nach der Liebe suchte und sich bemühte, seine alten Fehler wiedergutzumachen.

Einige negative Aspekte seiner Persönlichkeit konnte er jedoch nie überwinden. Die Art, wie er Harry behandelt, nur weil dieser ihn an seinen Vater erinnert, ist durch eine tragische Kindheit nicht entschuldbar. Er ist zudem kein guter Lehrer und bevorzugt einige seiner Schüler deutlich, während er auf anderen stets herumhackt. Indem er ihnen ähnliche Demütigungen zufügt, wie er sie als Kind selbst erleben musste, zeigt er eine Identifikation mit dem Aggressor – er wird zu dem, was er einst verabscheute. Severus Snape ist ein großartiger Doppelagent, aber warum genau Dumbledore meinte, es sei eine gute Idee, ihn auf Kinder loszulassen, wird für immer ein Rätsel bleiben.

Sirius Black – der Pate, der niemals erwachsen wurde

Sirius Black ist der beste Freund von James Potter gewesen und wurde auch Harrys Patenonkel. Leider hatte Sirius nicht viel Zeit, sich um Harry zu kümmern, da er kurz nach dessen Geburt verhaftet wurde und viele Jahre unschuldig als Gefangener von Askaban einsaß. Sirius, der somit aus einer unbeschwerten Jugend direkt in den schlimmsten Knast der Welt wanderte, hatte keinerlei Gelegenheit, zu reifen und erwachsen zu werden. Er war genug damit beschäftigt, sich seinen Verstand in Askaban zu bewahren, was bei den dortigen Haftbedingungen nur den wenigsten Menschen gelang. Dennoch behielt er seinen Lebensmut und ist später ein großes Vorbild für Harry Potter – allerdings mehr ein Freund auf Augenhöhe als ein Erwachsener, der ihn anleiten kann. Das liegt daran, dass Sirius durch den Verlust seiner Reifejahre in Gefangenschaft nun versucht, dort weiterzumachen, wo er aufhörte. Im ersten Moment ist das für Harry großartig – er begreift nicht, dass Sirius in ihm seinen Vater James sieht. Besonders deutlich wird das kurz vor Sirius' tragischem Tod – als er im Eifer des Kampfgefechts gegen die Todesser Harry einmal James nennt.

Diese fehlende Reife von Sirius, die in seiner langen Gefangenschaft begründet liegt, führt letztlich auch dazu, dass er stirbt und Harry erneut einen Verlust erleiden muss. Hätte Sirius passend zu seinem biologischen Alter auch das entsprechende geistige Alter gehabt, hätte er den Konflikt mit Severus Snape lösen können, anstatt auf kindischer Ebene weiter gegen Snape zu sticheln, so, wie er es schon gemeinsam mit James tat. Dadurch gibt er Harry keine Möglichkeit, Snape zu vertrauen – und das führt in die Katastrophe, da Harry wieder alles allein regeln will, als er glaubt, Sirius sei in Gefahr, anstatt sich Snape anzuvertrauen. Und Sirius Black stirbt wie ein leichtsinniger Teenager, ohne sein Leben wirklich gelebt zu haben. Weil ihm Askaban keine Chance ließ, erwachsen zu werden, sondern als inhumanes Konstrukt auf die geistige Vernichtung seiner Insassen ausgerichtet war. Resozialisierung ist in der Zaubererwelt unbekannt – ebenso wie eine vernünftige psychiatrische Behandlung, wenn man sich die Besuche unserer Helden in der Psychiatrie des magischen Hospitals ansieht. Es ist eben nicht alles schlecht in unserer Muggelwelt ...

Albus Dumbledore –
der von Schuldgefühlen zerfressene Charakter

Zu Beginn der Harry-Potter-Geschichten könnte man noch glauben, Albus Dumbledore sei ein weiser alter Mann, der genau weiß, was er tut, und der mit sich und seinem Leben im Reinen ist. Aber je tiefer man in die Geschichte eintaucht, umso mehr stellt man fest, dass Albus Dumbledore deshalb so stark auf die Macht der Liebe schaut, weil er in der Liebe immer nur Pech hatte – und daraus resultiert sein größtes Schuldgefühl: der Tod seiner Schwester.

Als junger Mann ist Albus ein Draufgänger, der an sein Vergnügen denkt und wenig auf die Bedürfnisse seiner Familie achtet. Viel lieber ist er mit seiner großen Liebe, dem Zauberer Grindelwald, unterwegs. Die Homosexualität von Dumbledore wird nie wirklich offen in den Büchern thematisiert, wurde aber von seiner Schöpferin in Interviews eingeräumt. Seine komplizierte Beziehung zu Grindelwald, der anscheinend seine einzige Liebe gewesen ist, denn von weiteren Lieben ist danach nie mehr die Rede, hat ihn nachhaltig verändert und in mehrfacher Hinsicht traumatisiert. Über all diese Dinge kann Albus nicht sprechen – und möglicherweise hat er durch diesen tief in seiner Brust verborgenen Kummer auch verlernt, über andere wichtige Dinge offen zu reden. Lieber beschränkt er sich auf rätselhafte Andeutungen und Alltagsweisheiten, die ihm den Nimbus des unverwundbaren, weisen Mannes geben und verhindern, dass die gebrochene Kreatur dahinter zum Vorschein kommt.

Hier stellt sich die Frage, was Dumbledore befürchtet. Hat er Angst, dass man ihm nicht mehr vertraut, wenn man weiß, dass auch er ein Mensch mit Fehlern ist? Oder hat er Angst, die Kontrolle zu verlieren, wenn er nicht mehr entscheiden kann, wann er mit den schmerzhaftesten Erlebnissen seines bisherigen Daseins konfrontiert wird? Er hat mit diesem Trauma längst nicht abgeschlossen – er wird den Tod seiner Schwester niemals verwinden, und mit seinem Bruder hat er sich auch niemals wirklich ausgesöhnt. All die Dinge, die ihm wirklich wichtig waren, hat er in den Sand gesetzt. Vielleicht ist er deshalb auch so zurückhaltend mit seinen Informationen Harry gegenüber. Vielleicht hat er Angst, er könnte wieder versagen, wenn er sein ganzes Wissen sofort offen preisgibt. Vielleicht möchte er, dass Harry nach und nach selbst auf alles kommt und entsprechend reift. Aber das bleiben Spekulationen.

Was Dumbledore wirklich will, bleibt meist offen. Es bleibt auch offen, welchen Einfluss er auf die Entwicklung von Voldemort nahm. Er hat ihn als kleinen Jungen nach Hogwarts geholt. Hat er auch in der Erziehung von Voldemort versagt? Hätte er erkennen müssen, was in dem verstörten Kind vorging? Leider ist nicht viel über die Beziehung zwischen Dumbledore und dem jungen Voldemort bekannt. War Dumbledore mit seiner Schwäche für junge, dunkle Zauberer ein unfreiwilliger Katalysator? Rühren seine Schuldgefühle auch daher? Wir müssen abwarten, was die Dumbledore-Forschung späterer Jahre noch ans Licht bringen wird.

Fakt ist, dass Dumbledore an schweren Schuldgefühlen leidet, die ihn innerlich lähmen und verhindern, dass wir den wahren Dumbledore spüren können – er versteckt sich hinter der Fassade des gütigen, weisen Mentors, aber gefangen in seinen Ängsten, versagt er darin, Harry dann zu stützen, wenn der es am dringendsten braucht. Und letztlich nimmt er als letzte Sühne sogar seinen eigenen Tod auf sich, um sowohl Draco Malfoys Seele als auch Snapes Doppelspiel zu schützen. (Eigentlich war es Dracos Auftrag, Dumbledore zu töten. Um Draco davor zu bewahren, bittet Dumbledore Snape, das zu übernehmen. Zudem wird Snapes doppeltes Spiel dadurch glaubwürdiger, denn man kann über Voldemort sagen, was man will – so hinterhältig wie Dumbledore kann er gar nicht denken.) Was dieses traumatische Erlebnis mit seinem Schützling Harry macht, ist ihm jedoch gleichgültig – da hat selbst Snape mehr Mitgefühl mit Harry, als er Dumbledore vorwirft, den Jungen nur wie ein Schwein aufzuziehen und ihn dann zu opfern.

Andererseits – Dumbledores nach wie vor genialer Verstand fand auch hier über seinen Tod hinaus einen Ausweg, und so kann er seine Schuld sühnen und in guter Erinnerung bleiben. Auch wenn er letztlich ein mindestens ebenso gebrochener Charakter wie Snape ist.

Tom Riddle alias Voldemort –
noch ein ungeliebtes Kind

Voldemort ist das Böse in Person – ein seelenentleertes Wesen, das nicht einmal mehr weiß, warum es nach Vernichtung strebt, vermutlich nur deshalb, um nicht selbst vernichtet zu werden. Denn die Furcht vor der eigenen Vernichtung ist letztlich die einzige Triebfeder, die wir durchgängig in Voldemort finden.

Fangen wir mit Voldemorts Kindheit an, mit der sich

Dumbledore und Harry eingehend in Band sechs befassen. Voldemorts Mutter verliebte sich in einen hübschen Muggel – in Tom Riddle senior. Sie selbst war keine Schönheit und brauchte deshalb einen Liebestrank, damit ihr Auserwählter ihre Gefühle erwiderte. Sie heirateten, sie wurde schwanger, aber dann hörte die Wirkung des Liebestranks auf, und Riddle senior verließ Frau und Kind. Man kann es ihm nicht verdenken. Da er im Vollbesitz seiner geistigen Kräfte einer Beziehung niemals zugestimmt hätte, war ihm immerhin jahrelang Gewalt angetan worden. Liebestränke sind gruselig.

Schon früh erlebte der kleine Voldemort, dass ihn niemand wollte. Sein Vater verließ die Familie – Verantwortung seinem Sohn gegenüber, der nichts für den Betrug der Mutter konnte, kannte er nicht –, und die Mutter war kaum präsent, solange sie noch lebte. Seine Mutter war nach dem Ende ihrer Beziehung allem Anschein nach so gebrochen, dass sie nicht einmal für ihr Kind am Leben blieb – sie welkte ohne Kampfesmut dahin, und ihr Kind war ihr egal. Voldemort erlebt also das Gegenteil von Harry Potter – er wird nicht so sehr geliebt, dass jemand für ihn stirbt. Er wird sogar zu wenig geliebt, als dass jemand für ihn leben will. Der Tod ist sein steter Begleiter. Später tötet er auch aus Rache seinen Vater. Aber bis dahin lebt er im Waisenhaus.

Er merkt, dass er besondere Fähigkeiten hat, aber die führen dazu, dass er ein Außenseiter bleibt. So nutzt er diese Fähigkeiten, um andere zu dominieren und zu quälen – er lernt, dass er sich besser fühlt, wenn er diejenigen, die ihn schon nicht mögen, dafür wenigstens schlecht behandelt. Dann taucht Dumbledore auf und will ihn nach Hogwarts holen. Und hier geschieht etwas, was auf Dumbledores Versagen als liebevoller Mentor hinweist – um den ungezogenen Zehnjährigen einzuschüchtern, verbrennt er den Schrank mit dessen Habseligkeiten. Zwar stellt er danach sofort wieder den Ausgangszustand her, aber er hat dem kleinen Voldemort gezeigt, dass auch hier das Recht des Stärkeren gilt – und die Gnade des Stärkeren. Eine Lektion, die Voldemort nie wieder vergisst. Er passt sich also an, ordnet sich dem Stärkeren unter – aber nur so lange, bis er selbst stark genug geworden ist. Er manipuliert Lehrer, um geheime Informationen zu bekommen, und er versucht schon früh alles, um sich zu schützen. Was schert ihn die Unversehrtheit seiner Seele? Hauptsache, er kann nicht sterben. Seine Seele bedeutet ihm nichts, ihn hat ja ohnehin niemals jemand um seiner selbst willen geliebt.

Voldemort weiß, er kann sich nur auf sich selbst verlassen, echte Freundschaft und Liebe hat er nie kennengelernt, und Dumbledore hat nichts getan, ihm diese Gefühle zu vermitteln. Stattdessen erzählt er später, Tom sei schon immer schwierig gewesen, wenngleich brillant und unauffällig. Einen wahren Blick in die Seele dieses Kindes wollte er nicht werfen – er hat ihn ebenso alleingelassen wie Harry. Mit dem Unterschied, dass Harry eine stabile Bindung in seiner frühesten Kindheit erwerben konnte und geliebt war. Und so sind Harry und Voldemort wie die unterschiedlichen Seiten einer Medaille – deshalb ist Voldemort von Anfang an von Harry fasziniert und verbindet sein Schicksal mit ihm. Die Beziehung zwischen ihm und Harry ist die intensivste, die er je hatte – sie sind im wahrsten Sinn Seelenverwandte, vor allem, da auch ein Stück von Voldemorts Seele in Harry lebt. Da Voldemort nie gelernt hat, wie es ist, einen echten Freund zu haben, hat er wenigstens eine ähnlich intensive Beziehung zu Harry, seinem echten Feind. Er kann ihn nicht töten, aus verschiedenen Gründen. Aber ein ungenannter Grund, den Voldemort sich selbst nicht eingesteht, ist: Niemals stand ihm ein Mensch so nahe wie Harry. Lieber ein treuer Feind als gar keine Beziehung. An Harry kann er wachsen und schließlich scheitern.

Die Tragik liegt darin, dass es zu verhindern gewesen wäre. Hätte Dumbledore nicht nur ständig von der Liebe geschwafelt, sondern sie endlich mal einem Kind geschenkt, dann hätte aus dem kleinen Tom Riddle vielleicht doch noch ein großartiger Mensch werden können. Aber Dumbledore macht es sich leicht – er glaubt von Anfang an, einen verrotteten Kern zu erkennen, und geht dem Jungen aus dem Weg. So, wie er auch Harry in dessen schwierigster Zeit aus dem Weg ging und damit Sirius Blacks Tod mitverantwortete.

Und so blieb niemand übrig, der ein ungeliebtes Kind beschützen und lieben konnte, sondern man ließ es lieber zum absolut Bösen heranwachsen, weil es einfacher ist, jemandem all das Böse überzukübeln, das man hasst, als einen schwierigen Menschen bedingungslos zu lieben. Voldemort war irgendwann so verhärtet, dass er gar keine Gefühle mehr kannte – nur noch die Lust an der Macht, denn sie half ihm gegen seine innere Leere und Einsamkeit. Aber wirklich glücklich war er damit nicht. Vermutlich hätte er gern mit Harry Potter getauscht – nur konnte er es nicht. Als endlich Menschen da waren, die ihm die Hand gereicht hätten, wenn er sie ergriffen hätte, war es längst zu spät.

TWILIGHT –
Wenn's glitzert im Walde

Wie im *Dracula*-Kapitel bereits festgestellt, hat die *Twilight*-Saga von Stephenie Meyer ein eigenes neues Subgenre begründet.

Nun, so ganz stimmt das nicht. Das Subgenre der Paranormal-Romance gab es zumindest in Amerika genau genommen schon länger. Es bezeichnet eine Liebesgeschichte mit phantastischen Elementen. Vor *Twilight* bedeutete das gerne mal etwas in der Art von *Ghost – Nachricht von Sam*. In diesem Film stirbt der Protagonist am Anfang, muss aber als Geist daran arbeiten, seine Freundin vor bösen Machenschaften zu beschützen. Auch gerne genutzt war das Element der Zeitreise, d.h., die Protagonistin reist in der Zeit zurück und verliebt sich dort in einen feschen Ägypter, Ritter oder auch Wikinger.

Twilight jedoch holte dieses Genre aus seiner Nische in die Öffentlichkeit. Und was die Reihe vor allem salonfähig machte, waren Liebesgeschichten mit Wesen, die gemeinhin als Monster galten. Alles, wovor Märchen und Sagen seit Jahrhunderten gewarnt hatten, galt nun plötzlich als besonders vernaschbar. Allen voran gingen dabei natürlich die Vampire, aber es war, als hätte *Twilight* eine Schleuse geöffnet. All die mittelalterlichen Geschichten darüber, warum man niemals Sex mit einem Dämon haben sollte? Inzwischen gibt es 1001 Erotik-Geschichten zu genau dem Thema. All die Warnungen davor, den Feenwesen in ihr Reich zu folgen, von ihren Speisen zu essen und mit ihnen zu tanzen? Sie können darauf wetten, dass mehrere fleißige Autorinnen dazu inzwischen Liebesgeschichten mit glücklichem Ausgang geschrieben haben. Und diverse biblische Apokryphen, die erklären, welche katastrophalen Auswirkungen es hat, wenn Engel etwas mit Menschenfrauen anfangen? Auch dazu haben wir ein paar gute Neuigkeiten.

Und wo man gerade dabei war, machte man auch vor Werwölfen, Drachen und Ähnlichem nicht halt. Das wichtigste Kriterium: Das fragliche Wesen muss gut aussehen, mächtig und potenziell tödlich sein.

Moment, was?

Ja, das haben Sie schon richtig verstanden. Die Tatsache, dass der übernatürliche Love Interest theoretisch eine tödliche Gefahr für die Protagonistin darstellt, *wenn er denn wollte*, ist ein Pluspunkt. Das hat etwas damit zu tun, dass mit Hilfe von Liebe ein Wesen zu zähmen, das für alle anderen gefährlich ist, nur für einen selbst nicht, eine weibliche Machtphantasie darstellt. Männer ziehen in ihren Machtphantasien meist selbst los, um Monster zu töten. Frauen lachen sich in ihren Machtphantasien ein eigenes, liebendes Haus-Monster an, das sie vor allem Bösen beschützt, während es ihnen selbst aber jeden Wunsch von den Augen abliest.

Aber kommen wir zurück zu den Vampiren.

Wie bei *Dracula* bereits festgestellt, repräsentieren Vampire die weibliche Sexualität. Nachdem sexuelles Begehren lange Zeit etwas Verbotenes war, dem man sich als braves Mädchen besser verweigerte und das als gefährlich galt, führte die Emanzipation dazu, dass Frauen diese Einstellung langsam abschüttelten. Ganz abgeschlossen ist dieser Prozess allerdings noch nicht, wie man sehr einfach an *Twilight* sehen kann.

Edward Cullen, professioneller Stalker

Bella Swan, die Ich-Erzählerin der *Twilight*-Romane, ist ihrer eigenen Aussage nach ein ganz normaler, langweiliger Teenager. Sie hält sich selbst für tollpatschig und nicht sonderlich hübsch. Damit ist sie die perfekte Identifikationsfigur für so ziemlich jedes Teenager-Mädchen.

Bella ist gerade nach Forks zu ihrem Vater gezogen, damit ihre Mutter mehr Zeit für sich und ihren neuen Ehemann hat. Forks ist angeblich der verregneteste Ort in ganz Amerika, aber das ist auch schon das einzige Ungewöhnliche an dem Dorf.

In der Schule ist sie damit natürlich «die Neue» und tut sich schwer, Freunde zu finden. Außerdem ist da der gutaussehende Edward Cullen, der sie verwirrt, weil er mal sehr freundlich ist, dann aber wieder ziemlich abweisend.

Nach und nach findet sie heraus, dass er ungewöhnlich stark ist und dass einige andere Dinge in Bezug auf ihn auch etwas seltsam sind, was sie schließlich zu dem Schluss bringt, dass er ein Vampir ist. Völlig naheliegend, was denn auch sonst? Aber Edward bestätigt das netterweise, nachdem sie ihn damit konfrontiert. Er erklärt, dass er und seine Familie vegetarische Vampire sind, das heißt, sie trinken nur das Blut von Tieren. Außerdem können sie das Sonnenlicht schon vertragen, allerdings sorgt es dafür, dass sie glitzern. Deshalb sind sie nach Forks gegangen, wo es die ganze Zeit regnet. So fallen sie nicht auf.

Verwandelt wurde Edward im Jahr 1917, was bedeutet, dass er fast 100 Jahre älter ist als Bella. Das scheint niemanden zu stören. Ebenso wenig wie die Tatsache, dass er in seinem Alter immer noch zur Highschool geht, um seine Tarnung aufrechtzuerhalten. Man fragt sich, ob er sich inzwischen wünscht, man könne an Langeweile tatsächlich sterben.

Bella fasziniert ihn auf jeden Fall. Allerdings hat er ständig Angst, dass er sich in ihrer Gegenwart vergessen und sie doch beißen könnte. Deshalb wechselt er zwischen Stalker-Anwandlungen (natürlich immer unter dem Vorwand, sie beschützen zu wollen) und Beteuerungen, dass er nicht gut für sie sei und sie besser Abstand halten solle.

Am Ende des ersten Bandes kommen sie natürlich trotzdem zusammen, nachdem er sie vor einem anderen Vampir gerettet hat.

Nur damit Edward allerdings im zweiten Band «zu ihrem eigenen Besten» Schluss machen kann. Natürlich tut er das, ohne Bella nach ihrer Meinung zu fragen. Könnte ja sein, dass sie findet, die Beziehung sei das Risiko wert. Aber sie ist ja nur ein dummes, tollpatschiges Mädchen, das beschützt werden muss.

Den gesamten zweiten Band verbringt Bella dann damit, Edward hinterherzuweinen, sich aber gleichzeitig auch mit einem Werwolf namens Jacob enger anzufreunden. Diese

Freundschaft hält Bella aber nicht davon ab, sich in ihrer Trauer beinahe selbst umzubringen. Fälschlicherweise glaubt Edward, sie sei tatsächlich gestorben, und will ebenfalls Selbstmord begehen. Dabei sollte er in den 100 Jahren seines Lebens doch wirklich mal Zeit gehabt haben, *Romeo und Julia* zu lesen und daraus zu lernen. Aber offensichtlich kann man auch jahrzehntelang zur Highschool gehen, ohne wirklich etwas aus dem Unterricht mitzunehmen.

Bella kann den Selbstmord im letzten Moment verhindern, gerät dabei aber auf das Radar einer mächtigen italienischen Vampirfamilie, der Volturi. Unter anderem deshalb verspricht Edwards Familie ihr, sie bald auch zu einem Vampir zu machen. Nur Edward ist dagegen, aber Bella emanzipiert sich langsam von ihm und nimmt seine Anwandlungen, sie gegen jede Vernunft beschützen zu wollen, nicht mehr ganz so ernst. Der einzige Wermutstropfen: Vampire und Werwölfe sind Todfeinde. Bella droht also mit ihrer Verwandlung ihren Freund Jacob zu verlieren.

Beides sorgt dann auch für Konflikte im nächsten Band. Zu allem Überfluss hat Jacob sich in Bella verliebt und ist nicht so wirklich in der Lage, ein «Nein» zu akzeptieren. Also beschwert sich nicht nur Edward, dass Bella ein Vampir werden will, Jacob beschwert sich außerdem, warum Bella immer noch mit dem Jammerlappen Edward zusammen ist. Gleichzeitig wird aber eine Hochzeit zwischen Bella und Edward geplant, und Edward will auf jeden Fall erst danach Sex. (Das hat man jetzt davon, wenn man sich in jemanden verliebt, der 1900 geboren wurde.)

Um das Ganze noch etwas dramatischer zu gestalten, taucht dann eine ganze Armee Vampire auf, um Rache an

Edward zu nehmen für den Vampir, den er im ersten Band getötet hat. Das hat immerhin den Vorteil, dass Edwards Familie und die Werwölfe sich zusammenraufen müssen, um gemeinsam gegen diese Bedrohung vorzugehen. Allerdings gibt es Jacob auch die Gelegenheit zu emotionaler Manipulation. Er droht, sich im Kampf gegen die Vampire umbringen zu lassen, wenn Bella ihn nicht vor der Schlacht küsst. Da sie ihn nicht verlieren will, tut sie das.

Glücklicherweise überleben alle wichtigen Leute den Kampf. Bella und Jacob sprechen sich aus, und er versteht endlich, dass nein tatsächlich nein bedeutet, auch wenn er sich weiterhin deswegen äußerst dramatisch aufführt. Bellas und Edwards Hochzeit wird derweil geplant.

Geheiratet wird dann schließlich im letzten Band. Der lange erwartete Sex ist für Edward eher unerfreulich, weil er sich ständig beherrschen muss, um Bella nicht zu verletzen. Der erste große Ehekonflikt dreht sich dann auch direkt darum, dass sie mehr Sex möchte als er. Glücklicherweise wird Bella dann schwanger, und die Sache hat sich erledigt. Wie praktisch, dass keiner der beiden bisher je von Verhütung gehört zu haben scheint.

Die Schwangerschaft verläuft viel schneller als normal und droht Bella umzubringen. Als Jacob davon erfährt, hört er endlich damit auf, sich wie das schlimmste Beispiel eines Kerls aufzuführen, der sich in die Friendzone verbannt sieht, und versucht zu helfen. Als sein Rudel beschließt, dass Bellas Kind eine Gefahr darstellt, und sie töten will, stellt er sich sogar explizit auf ihre Seite.

Die Geburt bringt Bella schließlich wirklich beinahe um, und ihr Leben kann nur gerettet werden, indem Edward sie in einen Vampir verwandelt. Das sorgt bei Jacob für einen Rückfall in den Arschlochmodus: Er will das Kind, das Renesmée genannt wird, aus Rache umbringen. Allerdings stellt er fest, dass er auf sie geprägt wurde, was innerhalb des Romans bedeutet, dass sie seine vorbestimmte Partnerin ist und eine besonders enge Bindung zwischen ihm und dem Kind aufbaut.

Als die Volturi von Renesmée erfahren, die ein Mischling zwischen Mensch und Vampir ist, glauben sie, sie sei ein in einen Vampir verwandeltes Kind, was bei Todesstrafe verboten ist. Sie erklären Bella und Edwards Familie deshalb den Krieg.

Nach einigen dramatischen Zuspitzungen können die Volturi allerdings davon überzeugt werden, dass Renesmée keine Gefahr für alle Vampire und das Geheimnis ihrer Existenz darstellt. Alle gehen nach Hause und sind glücklich.

Wer die Hosen anhat

Wie wir sehen, können Frauen inzwischen durchaus der Versuchung nachgeben, die ein Vampir darstellt, aber so ganz optimal läuft das alles noch nicht. Eine gesunde Beziehung sieht anders aus als die von Edward und Bella. Immer wieder setzt Edward sich über Bellas Grenzen hinweg und akzeptiert ihre Wünsche nicht. Er stalkt sie anfangs, weil er der Meinung ist, dass sie allein vollkommen überlebensunfähig ist. Später tut er Dinge zu ihrem eigenen Besten, die sie explizit nicht will, oder spricht sich heftigst gegen ihre Wünsche aus. Bella muss darum kämpfen, zum Vampir zu werden, also im übertragenen Sinn muss sie für ihre eigene sexuelle Befreiung kämpfen (im nicht übertragenen Sinn hätte sie ja auch gerne mehr Sex).

Edward hat sich in ein unschuldiges, tollpatschiges Mädchen verliebt, das seinen Schutz und seine Anleitung braucht. Dass sie genau wie er ein Vampir werden könnte, stellt seine traditionell männliche Rolle als Beschützer in Frage. Tatsächlich hat er, sobald Bella sich in einen Vampir verwandelt hat, gar nicht mehr viel zu melden, und sie übernimmt das Sagen. Im Prinzip bestätigt Stephenie Meyer hier eine unterbewusste Angst vieler Männer: dass die sexuelle Befreiung der Frauen bedeutet, dass Männer nicht mehr gebraucht werden oder zumindest die Kontrolle verlieren.

Echte Gleichberechtigung und gesunder gegenseitiger Respekt sind hier noch nicht vorstellbar.

Twilight aus psychiatrischer Sicht

Twilight erzählt im Grunde die Geschichte der weiblichen Emanzipation, wobei sie aber nicht mit der Emanzipation endet, sondern über das Ziel hinausschießt, bis am Schluss die Unterwerfung des Mannes steht.

Bella Swan – das hässliche Entchen wird zum schönen Schwan

Bella ist ein klassisches Scheidungskind. Nachdem ihre Mutter einen neuen Mann gefunden hat, schiebt sie die Tochter zum Vater ab, um Zeit für ihren neuen Partner zu haben. Ihr

Vater freut sich, dass er seine Tochter wiederhat, und kümmert sich gut um sie – er schenkt ihr sogar ein eigenes Auto, wenngleich es nur ein alter Pickup ist.

Hier wird deutlich, dass Bella schon früh gelernt hat, dass Frauen ihren eigenen Bedürfnissen nachgehen, während Männer beschützend und behütend sind – ihre Mutter schickt sie weg, der Vater verwöhnt sie. Vor diesem Hintergrund kann sie das fürsorgliche Verhalten Edwards, der sogar noch aus ihrer Urgroßvater-Generation stammt und das Beschützen von der Pike auf gelernt hat, richtig einordnen und wertschätzen, auch wenn es ihr manchmal zu viel wird – es ist doch ein Unterschied zwischen den Werten des Vaters und des Urgroßvaters.

Da Bella trotz der Scheidung ihrer Eltern eine sichere Bindung zu ihren frühesten Bezugspersonen aufbauen konnte, ist sie auch in der Lage, sich auf eine Beziehung einzulassen und darum zu kämpfen. Sie möchte mit Edward auf Augenhöhe sein, aber Edward verweigert ihr dies zunächst mit vorgeschobenen Rationalisierungen, von wegen, dass es nicht gut für sie wäre, ein Vampir zu sein. Bella ist von ihrer Primärpersönlichkeit her in der Lage, Kompromisse zu schließen, sodass sie sich auf einige seiner Wünsche einlässt – zum Beispiel, erst zu heiraten und dann Sex zu haben –, etwas, das auch ihrem Vater gut gefällt. Dadurch bekommt Bella eine doppelte Bestätigung von den beiden wichtigsten Männern in ihrem Leben, was es umso leichter macht, sich darauf einzulassen.

Die sexuelle Erweckung ist für Bella durchaus ein positives Erlebnis, während Edward ängstlich und zurückhaltend ist – wieder ganz der Kavalier der alten Schule, der seine

Liebste nicht verletzen möchte, hier allerdings noch etwas drastischer dargestellt durch seine unglaubliche Körperkraft, durch die er sie tatsächlich töten könnte, wenn er sich hinreißen ließe und die Kontrolle verlöre. Genau diese Begründung schiebt er auch vor, um später weiteren Sex mit Bella zu verweigern – mit einer sexuell erfüllten Frau ist er zunächst noch überfordert. Noch schlimmer wird es, als Bella schwanger wird. Jetzt drängt Edward sie zur Abtreibung – wieder aus rational vorgeschobenen, fürsorglichen Gründen. Doch in Bella ist – verstärkt durch die entstehende Mutterschaft – der Kampfgeist gewachsen. Sie will ihr Kind, notfalls auch gegen Edwards Willen, und so verbündet sie sich ausgerechnet mit dem Familienmitglied, mit dem sie sich vorher am wenigsten verstanden hat: Edwards Stiefschwester Rosalie. Aber durch das Kind gibt es eine Verbindung zwischen den beiden Frauen – hier zeigt sich, dass eine Frauenfreundschaft gerade auch in Zeiten der Krisen mit dem Partner wachsen kann, ohne dass die Partnerschaft in Frage gestellt wird.

Die Schwangerschaft ist der Wendepunkt: Bella wird endgültig erwachsen, sie wird zur Mutterfigur und archaischen Göttin – und Edward kann sich überlegen, ob er ihr treuer Begleiter und Anhänger wird oder sie verliert. Diesmal sogar ganz real – denn wenn er weiterhin darauf besteht, sie nicht zu verwandeln, wird sie sterben. Also unterwirft er sich und rettet Bella, indem er sie endlich auf seine Stufe hebt. Die weibliche Vorherrschaft wird durch die gemeinsame Tochter – die auch das einzige Kind bleiben wird – verstärkt. Edward als Mann hat jetzt nur noch die Funktion, seinen Frauen das Leben angenehm zu gestalten – sein Schutz wird nicht mehr gebraucht. Bella ist vollendet und holt sich sogar noch ihren zweiten wichtigen Freund als künftigen Schwiegersohn in die Familie – dagegen kann Edward nichts mehr sagen; er hat ohnehin nicht mehr viel zu sagen – er hat den Sprung ins 21. Jahrhundert geschafft, in dem die Unterschiede zwischen den Geschlechtern in der westlichen Welt immer mehr verwischen.

Bella hingegen ist auf dem Höhepunkt ihrer weiblichen Selbstfindung angekommen – sie hat durch Kompromissbereitschaft und scheinbares Nachgeben alles erreicht, was sie jemals wollte. Sie ist also ein kerngesunder Mensch (oder Vampir), der niemals eine Psychotherapie gebraucht hätte, weil sie alles schon beherrschte, was nötig ist, um das Leben anzupacken. Die kleinen Depressionen zwischendurch hat sie durch Selbsttherapien allein in den Griff bekommen.

Edward – der von Ängsten geplagte Mann

Edward hat seine Mutter bei der großen Grippe-Epidemie 1917 verloren, an der er selbst auch zugrunde gegangen wäre, wenn er nicht vorher in einen Vampir verwandelt worden wäre. Somit ist der junge Edward noch vor Abschluss der Pubertät in einer Zeit der Kriege und Unsicherheiten in eine neue Existenz ohne seine Mutter katapultiert worden. Zwar fand er eine liebevolle Ersatzfamilie, aber seine jungen, wilden Jahre der Pubertät verbrachte er als Serienmörder von Serienmördern, da er den Blutrausch genoss. Durch seine Fähigkeit, Gedanken lesen zu können, konnte er sich selbst damit trösten, dass er nur Männer tötete, die kurz davorstanden, selbst zu morden. Er bleibt also selbst als Monster moralisch einwandfrei, auch wenn er das Recht in eigene Hände nimmt, um seine Begierden zu stillen. Aber in diesen Zeiten – in der ersten Hälfte des 20. Jahrhunderts – befindet er sich in bester Gesellschaft. In keiner anderen Zeit wurde so viel und so effizient getötet wie in dem Jahrhundert der Völkermorde und Weltkriege.

Und doch bleibt Edward ein Mann voller Ängste, immer auf Kontrolle bedacht. Der Verlust seiner Mutter hat tiefere Wunden geschlagen, als er glauben mag – er hat ständig die Sorge, etwas zu verlieren, das ihm wichtig ist. Und so behandelt er auch Bella auf der einen Seite überfürsorglich, aber sobald er ihre Bedürfnisse spürt, zieht er sich zurück – die letzte Intimität ist er nicht bereit zu geben, zu groß ist die Angst, verwundbar zu werden, wenn er seine Selbstkontrolle aufgibt. Aus einem Abwehrmechanismus heraus projiziert er seine eigene Verwundbarkeit auf Bella – indem er sich einredet, sie sei schwach und brauche seinen Schutz, kann er sich weiterhin stark fühlen und die Kontrolle bewahren. Denn eigentlich ist er tief in seinem Inneren noch immer der kleine Junge, der seine Mutter vermisst – selbst wenn er bei ihrem Tod schon 17 war.

Die Sexualität ist ebenso bedrohlich für ihn, da er dahinter die starke Bella erkennt – und er muss erneut seinen Kontrollverlust in der Leidenschaft fürchten. Als Bella schwanger wird, wird es noch schlimmer – noch ein Wesen, das ihm etwas bedeuten und das er verlieren könnte, womöglich zusammen mit Bella wegen der Risikoschwangerschaft. In diesen Tagen durchlebt Edward seine größten Ängste, aber sie helfen ihm auch zu wachsen – er begreift, dass er Kontrolle aufgeben muss, um all das zu bewahren, was er liebt. Er hat nicht mehr die Kraft, alles allein zu bewältigen; er muss das Risiko eingehen, Bella als gleichberechtigte und gleichstarke Gefährtin an seine Seite zu holen – sonst wird er zugrunde gehen. Und er muss vertrauen, dass sie ihn wirklich liebt und in ihm nicht nur den starken, bewundernswerten Versorger sieht – etwas, das er in der Sozialisation Anfang des 20. Jahrhunderts so gelernt hat.

Als er schließlich erkennt, dass es Bella reicht, wenn er ihr das Leben angenehm macht, sich um das Kind kümmert und ein toller Liebhaber ist, mit dem man auch sonst viel Spaß haben kann, ist er entlastet – er muss ihr nichts mehr beweisen, und die schwierigen Entscheidungen kann sie auch allein treffen. Endlich hat Edward gelernt, dass der Verzicht auf Kontrolle und die Abgabe von Macht auch befreiend sein können. Soll Bella sich jetzt mal die nächsten hundert Jahre um alles kümmern – er hat gelernt, diese Zeit zu genießen, frei nach dem Motto: «Hauptsache, ich bin gesund und die Frau hat Arbeit.»

Jacob – der ewige Freund

Jacob gehört gleich zu zwei unterdrückten Minderheiten. Zum einen ist er Indianer, die bis heute in den USA als Menschen zweiter Klasse angesehen werden – obwohl sie die wahren Einheimischen (Native Americans) sind, hat es noch nie einer von ihnen in irgendein Ministeramt oder gar in den Präsidentensessel geschafft, stattdessen leben sie in Reservaten. Zum anderen ist Jacob auch noch ein Werwolf oder, besser gesagt, Gestaltwandler – er kann sich unabhängig vom Mond verwandeln und behält seine eigenen Erinnerungen.

Nun stehen Werwölfe aufgrund ihrer animalischen Wildheit nicht auf derselben zivilisatorischen Stufe wie die gebildeten Vampire. Jacob bleibt also einer von den Wilden, Indianer und noch dazu Werwolf – wilder geht's nicht. Aber damit wären wir schon wieder beim nächsten unbewussten Vorurteil, immerhin gibt es inzwischen auch Serien über Werwölfe, die Anzug tragen und zivilisierten Berufen wie Politiker oder Anwalt nachgehen. Doch wir schweifen ab ...

Interessanterweise wäre Jacob der bevorzugte Schwiegersohn für Bellas Vater gewesen. Vielleicht, weil der spürte, dass Jacob ein echter junger Mann mit aller Leidenschaft ist – und sei sie noch so ungezähmt – und nicht so ein verknöcherter, getarnter Greis wie Vampir-Edward, der zwar Stil hat, aber seine Leidenschaft erst erlernen muss.

Andererseits ist es diese ungestüme Wildheit, die Bella zurückschrecken lässt. Jacob ist nicht so wohlerzogen, dass er sofort begreift, wenn ein Nein auch ein Nein bedeutet – und vor allem ist es für Bella doof, dass sie sich dann auch noch an seinem harten Kopf die Hand bricht, als sie ihm für einen ungehörigen Kuss eine scheuert. So etwas wäre ihr mit Edward nie passiert.

Der wilde Jacob ist noch völlig ungezügelt und lernt erst durch seine Zeit als Wolf Selbstdisziplin. Aber selbst das reicht noch nicht. Um als Partner auf eine Frau ausreichend vorbereitet zu sein, muss er erst mal erzogen werden. Und das passiert sinnbildlich, indem er sich auf Renesmée prägt, die später seine Partnerin sein soll. Mit ihr zusammen darf er noch unschuldiges Kind sein, ganz frei von jeglicher Sexualität. Er kann mit ihr zusammen erwachsen werden – noch als großer Bruder, später dann als Liebhaber. Einen freien

Willen hat er nicht mehr – die Unterdrückung des Mannes in ihrer höchsten Vollendung. Frauen bekommen den perfekten, gehorsamen Lover gleich als Kind zugeteilt, und da er für sie der perfekte Mann ist, wollen sie dann auch nie mehr einen anderen.

Spätestens hier können wir dankbar sein, dass es sich nur um Fantasy handelt ...

Die heile Welt des Twilight-Universums

Was *Twilight* von früheren Liebesgeschichten unterscheidet, ist die Tatsache, dass es zwar auch hier blödsinnige Missverständnisse gibt, aber die Helden sind patent genug, die ganz großen Katastrophen wie beispielsweise bei *Romeo und Julia* oder *Werther* zu verhindern, indem sie miteinander reden. Das 20. Jahrhundert mit all seinen Schrecken hat uns in seiner zweiten Hälfte klargemacht, dass Menschen miteinander kommunizieren müssen. So wurde der Kalte Krieg beendet, so hat man bislang auch viel sonstiges Unrecht aufarbeiten können. Es ist modern geworden, sich in den anderen hineinzuversetzen, Psychotherapien sind mittlerweile ein Statussymbol und nichts mehr, was man schamvoll verbirgt – ganz im Gegenteil, es wird oft viel zu schnell nach einer Psychotherapie geschrien, wenn man glaubt, seine Probleme nicht allein lösen zu können. Dabei zeigt gerade *Twilight*, dass man das gar nicht immer braucht. Miteinander sprechen, Kompromisse eingehen, sich über seine eigenen Sorgen bewusst werden und diese benennen – das kann man auch im Gespräch mit echten Freunden erleben, dazu braucht es keine Psychotherapie.

Und so lösen die Helden in *Twilight* letztlich auch alle Probleme einfach dadurch, dass sie Wege finden, miteinander zu reden – besonders eindrucksvoll in Band vier im Konflikt mit den Volturi dargestellt. Nur muss hier erst mal die Gelegenheit geschaffen werden, dass die Volturi überhaupt zuhören. Aber auch das schaffen unsere Helden. Konflikte enden nicht mehr mit dem Tod des Gegners, sondern mit Versöhnung. Damit fing schon Karl May an, und in *Twilight* setzt es sich fort. Dracula musste noch sterben, aber Edward wird geheiratet. Trotz all der problematischen Aspekte in dem Roman geht es schon in die richtige Richtung. Und somit sehen wir hier auch einen Ausblick in eine Zukunft der Globalisierung und der Akzeptanz: Jeder sollte in einer idealen Welt so sein dürfen, wie er ist – egal, ob schwarz, weiß, rot, hetero, homo oder bi, egal, ob Vampir, Mensch, Werwolf oder was auch immer. Das Individuum zählt, seine eigenen Taten und nicht das, als was es zufällig geboren wurde. Der freie Wille ist zurückgekehrt, das Böse gibt es nicht mehr, sondern nur noch böse Taten, und die können von jedem begangen werden – wer oder was auch immer er ist.

FIFTY SHADES OF GREY –
der Bestseller, von dem
keiner weiß, warum er ein
Bestseller geworden ist

Im Prinzip sind wir mit *Fifty Shades of Grey* immer noch beim selben Thema wie im letzten Kapitel. Denn die Romanreihe hat als Fanfiction zu *Twilight* angefangen.

Fanfiction, das ist, wenn man als Fan eines Buches, einer Fernsehserie oder eines Films neue Geschichten in dieser Welt oder mit den entsprechenden Charakteren schreibt. Viele Fans verwenden das, um Dinge zu «verbessern», die ihnen am Original nicht gefallen haben. Wenn man der Meinung ist, dass Charakter A eigentlich gar nicht mit Charakter B, sondern stattdessen mit Charakter C hätte zusammenkommen sollen, dann schreibt man eine Fanfiction und lädt sie online in eigens dafür vorgesehenen Portalen hoch. Oder wenn man meint, Charakter A habe sich in einer bestimmten Situation überhaupt nicht wie er selbst verhalten. Oder wenn man einer bestimmten Sache gerne mehr Raum eingeräumt hätte. Wie zum Beispiel dem Sex. In *Twilight* gibt es bekanntlich weniger Sex, als selbst Bella lieb gewesen wäre. Manch ein Fan sah sich berufen, diesen Mangel zu beheben.

Allerdings, was hat der Multimillionär Christian Grey denn mit dem Teenie-Vampir Edward zu tun? In *Fifty Shades of Grey* gibt es immerhin nur normale Menschen, keine übernatürlichen, glitzernden Wesen.

Nun, das ist ganz einfach. Manchmal gefallen einem Fanfiction-Autor nur die Charaktere oder nur die Dynamik zwischen zwei Charakteren. Dann nimmt der entsprechende Autor diese und verpflanzt sie in eine eigene Welt. Das nennt man AU – kurz für *Alternative Universe*. Christian Grey ist Edward in einem alternativen Universum, in dem er kein Vampir, sondern ein normaler Mensch und kein Teenager, sondern Mitte zwanzig ist. Das Gleiche gilt für Bella und Ana.

Was allerdings gleich geblieben ist, sind einige grundlegende Charaktermerkmale und die Dynamik zwischen den beiden Charakteren. Wir werden gleich sehen, inwiefern das so ist.

Schon wieder ein Stalker

Genau wie Bella ist Ana (eigentlich Anastasia) eine tollpatschige, schüchterne Jungfrau, die sich selbst nicht für sonderlich hübsch hält. Sie ist beinahe mit dem College fertig und lässt sich von ihrer Mitbewohnerin breitschlagen, ein Interview mit dem Mann zu führen, der für die Abschlusszeremonie eingeladen wurde: Christian Grey.

Christian ist ein Unternehmer und Multimillionär. Wie Edward gibt er sich Ana gegenüber mal interessiert und mal eher abweisend. Er warnt sie mehrmals, nicht der richtige Mann für sie zu sein, kann sich aber auch nicht von ihr fernhalten.

Christian Grey ist außerdem ein Stalker. Er findet heraus, wo Ana wohnt, um ihr Geschenke zu schicken. Er findet auch heraus, wo sie arbeitet, und taucht dort direkt nach ihrer ersten Begegnung «zufällig» auf, um auf höchst suggestive Art, Seil, Kabelbinder und Ähnliches zu kaufen (alles, von dem die Autorin wohl meint, dass man es für Fesselspielchen braucht). Im Laufe der Handlung ortet er außerdem einmal Anas Handy – natürlich vorgeblich zu ihrer eigenen Sicherheit. Und er will immer exakt wissen, wer die Leute sind, mit denen Ana zu tun hat, und wird jedes Mal unverhältnismäßig eifersüchtig, wenn sie irgendjemand anderem Aufmerksamkeit schenkt.

Das sind nur die Dinge, die er tut, bevor die beiden ein Paar sind. Später kauft er auch den Verlag, in dem Ana nach ihrem Abschluss eine Stelle findet, und verhindert gegen ihren Willen, dass sie mit ihrem Chef auf eine Geschäftsreise geht. In den Romanen wird immer wieder kurz angeschnitten, dass solche Verhaltensweisen ihn zu einem Stalker und Kontrollfreak machen, aber Konsequenzen zieht Ana daraus nicht. Sie lässt sich sein Verhalten gefallen, weil sie in ihn verliebt ist. Und oft genug bestätigt die Handlung auch Christians «Sorge» um Ana. Allerdings wird nie thematisiert, dass das sein Verhalten nicht besser macht.

Und dann ist da natürlich noch die Sache, dass Christian Grey darauf steht, seinen Partnerinnen Schmerzen zuzufügen und sie zu dominieren, weil er glaubt, nur auf diese Weise mit diversen Kindheitstraumata fertigzuwerden.

Generell ist gegen BDSM (diese Abkürzung ist eine Zusammenfassung der englischen Begriffe «Bondage and Discipline», «Dominance and Submission» und «Sadism and Masochism») nichts einzuwenden. In der Realität gibt es viele feste Regeln, an die sich Leute halten, die BDSM ausüben, um die Sicherheit aller Beteiligten zu garantieren. Christian Grey verstößt jedoch gegen mehrere davon, wofür der Roman auch oft kritisiert wurde.

Zum einen ist es in der BDSM-Szene wichtig, dass alle Beteiligten genau wissen, worauf sie sich einlassen. Ana allerdings ist noch Jungfrau und hatte bisher noch nicht mal das Bedürfnis, sich selbst zu befriedigen. Als Christian ihr einen Vertrag vorlegt, in dem sie verschiedenen Praktiken zustimmen soll, ist sie vollkommen überfordert.

Christian behebt diese Situation, wie er sich selbst ausdrückt, indem er mit Ana schläft. Das bringt sie von null Erfahrung in Sachen Sex auf überhaupt mal Erfahrung. Für den Rest reicht es Christians Meinung nach, wenn sie die Praktiken, die er vorschlägt, mal googelt. Als sie den Vertrag das nächste Mal diskutieren, sorgt er vorher außerdem bewusst dafür, dass sie betrunken ist, was ja bekanntlich immer so unglaublich dabei hilft, sinnvolle Entscheidungen zu treffen.

Dann redet die Autorin immer wieder davon, dass Christian Grey nur auf BDSM steht, weil er unfähig ist, wirklich zu lieben, und der Meinung ist, Liebe nicht verdient zu haben. Nach und nach kommt heraus, dass seine leibliche Mutter eine drogensüchtige Prostituierte war und er von ihren Freiern misshandelt wurde. Erst als sie starb, wurde er von der Familie Grey adoptiert. Seine erste Beziehung hatte er schließlich mit einer deutlich älteren Freundin seiner Adoptivmutter, die ihn mit BDSM vertraut machte. Generell wird suggeriert, dass kein normaler, gesunder Mensch auf BDSM stehen kann, sondern Christian Greys Vorlieben nur aus seiner schweren Kindheit resultieren. Am Ende des dritten Bandes wird er von dieser Neigung dann durch Anas Liebe schließlich «geheilt».

Die gesamte BDSM-Gemeinde hat das recht persönlich genommen und hasst *Fifty Shades of Grey* mit großer Inbrunst.

Aber damit noch nicht genug. Christian Grey verhält sich außerdem emotional manipulativ. Wenn Ana ihm etwas verweigert, wird er entweder wütend, bis sie nachgibt, oder er gibt sich bedrückt, bis sie ebenfalls nachgibt. Immer wieder sagt er ihr, dass es für ihn ohne BDSM keine Beziehung mit ihr geben kann. Also stimmt sie Dingen zu, die sie nicht mag, um ihn nicht zu verlieren.

Das einzige Mal, als Ana ihn kurzzeitig verlässt, ist es erstaunlicherweise aber nicht seine Schuld. Am Ende des ersten Bands fordert sie Christian auf, sie zu schlagen, weil sie wissen will, wie weh es tun kann. Also tut er genau das. Ana findet es schrecklich, aber verwendet nicht das Safeword, das sie bekommen hat, sodass er nicht ahnen kann, dass er aufhören sollte. Danach bezeichnet sie ihn als Monster und beendet die Beziehung.

Man könnte also sagen, sie haben einander immerhin verdient ...

Am Anfang von Band zwei kommen die beiden natürlich auch direkt wieder zusammen. Über die nächsten zwei Bände fügt die Autorin ihrer Geschichte außerdem ein wenig Plot hinzu. Anas Chef Jack belästigt sie sexuell, und nachdem der Verlag, in dem sie arbeitet, ja von Christian gekauft wurde, wird er deswegen gefeuert, und Ana bekommt seinen Job. Später taucht er immer wieder auf und macht Ärger, was Christian Gelegenheiten gibt, Ana zu beschützen, sich

Sorgen um sie zu machen und ihre Freiheit einzuschränken. Außerdem taucht eine ehemalige Partnerin von Christian auf und bedroht Ana, mit demselben Effekt.

Ana muss immer wieder um ihre Freiheit kämpfen, aber nimmt am Ende von Band zwei schließlich trotzdem den Heiratsantrag an, den Christian ihr macht, da er Angst hat, sie zu verlieren. Zu diesem Zeitpunkt sind sie höchstens drei Monate zusammen, aber immerhin schlagen sie sich damit besser als Romeo und Julia.

In Band drei kommt noch eine ungeplante Schwangerschaft hinzu, um die Sache zu verkomplizieren. Christian kämpft damit, dass er sich nach seiner eigenen verkorksten Kindheit nicht als Vater sehen kann.

Zuletzt wird der Handlungsstrang in Bezug auf Christians erste Beziehung aufgedröselt. Er erzählt Ana genau, wie die Freundin seiner Mutter (sie heißt Elena) sich an ihn herangemacht hat, als er fünfzehn war, und wie sich daraus eine BDSM-Beziehung mit ihr als Domme entwickelt hat, die viele Jahre hielt. Christian sagt, dass diese Beziehung ihn davor bewahrt habe, auf denselben Pfad abzurutschen wie seine leibliche Mutter, und dass sie dafür gesorgt habe, dass er nun (halbwegs) emotional stabil sei. Gleichzeitig sagt er aber auch, dass er nun erkennt, wie schlecht diese Beziehung für ihn war, allein auf der Basis der Tatsache, dass es eine BDSM-Beziehung war. (Nicht etwa, weil er viel zu jung war ...) Inzwischen hat er erkannt, dass er aufgrund eines schlechten Selbstwertgefühls einfach dachte, es verdient zu haben, geschlagen zu werden, weil er nicht glaubte, dass irgendjemand ihn lieben könne. Entsprechend konnte er selbst auch nie irgendjemanden lieben.

Das ist natürlich der Punkt, an dem Ana ihn rettet und heilt, auch wenn nie deutlich wird, was sie eigentlich anders macht als andere Partnerinnen von Christian vor ihr.

Ana und Christian werden nun zusammen glücklich und bekommen nach einem Sohn auch noch eine Tochter. Obwohl Christian ja angeblich «geheilt» ist, haben sie weiterhin kinky Sex. Aber das ist natürlich was ganz anderes.

Der Byron'sche Held und warum so viele Frauen meinen, ihn retten zu müssen

Christian Grey entspricht dem literarischen Archetypen des Byron'schen Helden, der auf den Werken des britischen Dichters Lord Byron basiert. Dieser schuf gerne etwas düstere, aber sehr leidenschaftliche männliche Helden, die gesellschaftliche Außenseiter sind – allerdings weil sie sich selbst für etwas Besseres halten als die meisten anderen Menschen.

Der Byron'sche Held ist oft zynisch und arrogant, und meist liegt seinem zynischen und mürrischen Verhalten ein düsteres Geheimnis zugrunde.

Im modernen Liebesroman entspricht der männliche Protagonist häufig diesem Archetyp. Wie wir ja bereits festgestellt haben, ist es eine weibliche Machtphantasie, ein «Monster zu zähmen» durch die Macht der Liebe. Etwas verwässert heißt das, ein Arschloch vor sich selbst zu retten.

Das ist genau das, was Ana in *Fifty Shades of Grey* tut. Sie lässt sich auf einen Mann ein, der sie und den Rest seiner

Umgebung nicht gut behandelt, und ihre Liebe allein sorgt dafür, dass er sein düsteres Geheimnis überwindet und zu einer halbwegs anständigen Person wird. Das macht Ana zu einem ganz besonderen Menschen, denn niemandem zuvor ist das bisher gelungen. Wie jedem Helden gelingt Ana das scheinbar Unmögliche.

In der Realität funktioniert das so natürlich nicht, aber es ist der Grund, warum viele Frauen in schrecklichen Beziehungen bleiben. Sie glauben, mit genug Geduld aus ihrem Arschloch einen Traumprinzen machen zu können. In der Realität sind solche Beziehungen leider sehr stabil, selbst wenn die Frauen wirklich schwer misshandelt werden. Das liegt daran, dass es sich um ein stetes Macht-Wechselspiel handelt. Der Mann verprügelt seine Frau – nun ist er der Mächtige. Sie droht ihm dann, ihn zu verlassen. Er winselt vor ihr auf den Knien und verspricht, sich zu bessern, wenn sie bleibt. Nun ist sie die Mächtige und vergibt ihm großmütig. Bis zur nächsten Prügelattacke ... Auch das ist eine Art Ritual – ändern wird die Frau diesen Mann nicht. Er weiß ja, dass er machen kann, was er will, wenn er anschließend sein Demutsritual aufführt. Danach darf er sie dann wieder schlagen. Ändern wird so ein Mann sich erst, wenn er mehrfach von Frauen verlassen wurde und sonst keine mehr findet. Aber vielleicht schließt er sich dann auch bloß einer Gruppe radikaler Männer an, die der Meinung sind, die bösen Frauen würden die armen Männer unterdrücken.

Fifty Shades of Grey
aus psychiatrischer Sicht

Das Interessante an *Fifty Shades of Grey* ist, dass hier mit gebrochenen, völlig verkorksten Persönlichkeiten gespielt wird, die allein durch die Liebe geheilt werden – eine Idealvorstellung, die jeder normalen Psychotherapie entgegenläuft und nur in der Phantasie der Leser funktionieren kann. Zudem handelt es sich bei Christian Grey auch um keinen echten Charakter, sondern eine Subsumierung von Phantasien. Er ist sozusagen die Projektion der geheimen Wünsche und Sehnsüchte der Heldin Ana – ein Mann, den es nicht gibt und nicht geben kann, denn an ihm ist letztlich alles unglaubwürdig.

Christian Grey,
der Meister der Wunschprojektion

Ähnlich wie im Roman *Momo* kann man *Fifty Shades of Grey* nicht wirklich anhand der Figuren analysieren, weil diese keine echten Menschen darstellen, auch wenn die Autorin vielleicht glaubte, da ein ganz tolles Konstrukt aus Trauma-Überwindung geschrieben zu haben. Doch während *Momo* sich als Roman noch im Ganzen analysieren lasst und jedes Element eine Funktion hat, die eine körperliche Gesamtkomposition ergeben kann – in diesem Fall die Darstellung der Depression der menschlichen Gesellschaft als Symbol in einer Geschichte –, fehlt dieser intellektuelle Unterbau in den *Shades* vollständig. Hier geht es vielmehr um das ES – die tiefsten inneren und verbotenen Begierden.

Christian Grey ist letztlich nur ein Ausdruck dieser Begierden und Phantasien – die Subsumierung des perfekten Partners, obwohl er zunächst gar nicht so perfekt wirkt. Doch das ist er, wie wir gleich feststellen werden.

Zum einen ist Christian unfassbar reich. Er ist ein Genie und muss für seinen Reichtum gar nichts tun, weil er einen Weg gefunden hat, wie das Geld von selbst immer mehr wird. Aber er scheint niemals dafür arbeiten zu müssen, abgesehen von dem einen oder anderen Telefongespräch, in dem er Business-Buzzwords von sich gibt, und Meetings, die er aber größtenteils damit zu verbringen scheint, Ana von seinem Handy aus E-Mails zu schreiben. Er hat Zeit, sich komplett seinen Hobbys zu widmen.

Hier haben wir den ersten Bruch, der klarmacht, dass Christian keinen realen Charakter nachbilden kann. Leute, deren Geld sich immer weiter von selbst vermehrt, haben entweder geerbt oder hart dafür gearbeitet. Christian, der Sohn einer drogensüchtigen Prostituierten, wurde zwar von einer reichen Familie adoptiert, hat sich aber, wie es scheint, das meiste selbst erarbeitet – dabei fragt man sich, wie er das wohl gemacht hat und wie er das Geschäft überhaupt weiterhin am Laufen hält. Erfolgsgeschichten von Selfmade-Millionären gibt es viele, aber ihnen allen ist gleich, dass sie für ihre Firma leben, für ihren Traum da sind und darüber hinweg oft ihre Beziehungen vernachlässigen. Für echte Self-made-Millionäre steht die Firma an erster Stelle, das ist sozusagen ihre Therapie, wenn sie irgendwelche Traumata aufzuarbeiten hätten. Für die Hobbys von Christian hätten sie schlichtweg nicht die Zeit.

Aber die Realität ist unwichtig – wichtig ist für den Traum

vom perfekten Mann einfach die Tatsache, dass er viel Geld hat und es nicht einfach nur geerbt hat, sondern selbst verdiente, damit er als potenter, starker Partner erkennbar ist.

Des Weiteren muss der ideale Partner natürlich viel Zeit für seine Auserwählte haben und permanent um sie kämpfen. Kein Wunder, dass er keine Zeit hat, sich um seine Firmen zu kümmern, er muss ja Anastasia aufwarten. Damit das Ganze etwas getarnt ist und einen Mini-Konflikt verspricht, stalkt er sie zunächst. Dabei bleibt es aber an dieser interessanten Grenze, die den Autonomie-Abhängigkeitskonflikt der Protagonistin unterstützt. Was genau darunter zu verstehen ist, werden wir uns später bei Ana noch genauer ansehen.

Zum Dritten muss er ihr sexuelle Erfüllung bringen – das ist ganz einwandfrei der wichtigste Punkt für einen idealen Partner in Liebesromanen. Allerdings – und auch das ist wichtig – muss die Heldin «rein» bleiben. Sie darf keine selbstbewusste, leidenschaftliche Frau sein, weil das in vielen Kulturkreisen – inklusive den prüden USA – verpönt ist (man fragt sich, ob die USA sich deshalb so gut mit Saudi-Arabien verstehen). Die Reinheit der Heldin bleibt erhalten, indem er sie verführt und sie so tun kann, als würde sie den Sex ja gar nicht wirklich mögen, sich aber für die «reine Liebe» opfern. Deshalb wird hier das BDSM in einen völlig falschen Kontext gestellt – es steht nur als Symbol für eine Pseudovergewaltigung, die eigentlich gar keine Vergewaltigung ist, sondern dem reinen Lustgewinn der Heldin dient, ihr aber offiziell die Möglichkeit lässt, ihre Lust umzudefinieren. Erst im weiteren Verlauf der Romanserie kann sie dann wirklich zu ihrer Lust stehen – an dem Punkt, an dem Christian angeblich von seiner BDSM-Variante geheilt wird; in Wahrheit ist es aber die Heldin, die nun endlich selbstbewusst zum Sex stehen kann und die Demütigungsrituale nicht mehr braucht, um sich selbst für den Sex zu bestrafen. Aber das kann sie sich ja niemals selbst eingestehen, also wird auch das auf den Mann projiziert.

Christian hat somit überhaupt gar keinen Charakter, sondern er ist die bloße Projektionsfläche aller unerfüllten sexuellen Wünsche der Heldin und der ihr begeistert folgenden Leserinnen. Echte BDSM-Fans können darüber nur den Kopf schütteln und fühlen sich missbraucht – denn hier geht es ja auch gar nicht um BDSM.

Anastasia Steele –
die Frau, die ihre wilden Träume lebt

Ana wird uns zunächst als das harmlose, tollpatschige Mädchen im Stile ihres Vorbilds Bella aus *Twilight* vorgestellt. Aber im Gegensatz zu Bella erzählt Ana eine andere Geschichte. Wo Bella kämpft und Sex vom prüden Edward möchte, gefällt sich Ana in der Rolle der verführten Jungfrau.

Ana ist gefangen in einem Wunsch nach Versorgung und wünscht sich gleichzeitig die vollständige Freiheit. Man nennt das in der Psychologie Autonomie-Abhängigkeitskonflikt. Es handelt sich hierbei um zwei gegensätzliche Pole, die in der Realität nicht dauerhaft vereinbar sind – man muss Kompromisse schließen und mal mehr in die eine, mal mehr in die andere Richtung schwanken – je nachdem, was gerade indiziert ist. Aber Ana möchte beides gleichzeitig. Sie möchte eine Rundumversorgung, die ihr alle geheimen Wünsche erfüllt, und zugleich die volle Freiheit. Dies wird ihr durch die Traumfigur Christian Grey erfüllt. Zwar erscheint er zeitweilig als Stalker, der ihr im Rahmen seiner Fürsorglichkeit immer mal wieder die Autonomie zu nehmen scheint, aber letztlich tut er doch genau das, was sie will. Er spielt nach außen hin den starken Mann, ist aber innerlich von ihr abhängig und ihr demütiger Sklave, der ihre geheimsten Lüste so erfüllt, dass sie nicht einmal die Verantwortung dafür übernehmen muss, sondern auch das an ihn delegiert. Ernsthafte Konflikte gibt es nicht, die im Roman dargestellten Konflikte sind eher Pseudostreitigkeiten über irrelevanten Kleinkram, damit die Fassade einer scheinbar komplexen Beziehung für die Leser aufrechterhalten wird. Ana schafft es jedes Mal recht souverän, Christian dazu zu bringen, erneut ihre Wünsche zu erfüllen, sodass sie der Mittelpunkt seines Lebens ist. Eine wirkliche Beziehung auf Augenhöhe gibt es nicht – Christian ist nur für Ana da, eigene Bedürfnisse hat er nicht, die existieren nur in Anas Phantasie und dienen dazu, sie selbst zu erhöhen, da sie die Einzige ist, die ihn «heilen» kann. Aber selbst seine Heilung dient nur Anas Lust- und Machtgewinn, denn eigentlich gibt es bei Christian ja nichts zu heilen, da er als Person gar nicht existent und spürbar ist. Er hat keine wirklichen Ziele, Wünsche oder Bedürfnisse, die darüber hinausgehen, Ana glücklich zu machen.

Warum Fifty Shades of Grey so ein Erfolg wurde

Die große Stärke von *Fifty Shades of Grey* liegt nicht darin, eine spannende Geschichte zu erzählen, sondern die ideale Projektionsfläche für verbotene Frauenphantasien zu bilden. Und zu diesen verbotenen Phantasien gehört neben dem wilden Sex, der heutzutage ja sogar gesellschaftlich akzeptiert wäre, eine ganz andere Phantasie – nämlich die, völlig loszulassen und sich einfach nur versorgen zu lassen. Sich um nichts kümmern zu müssen, sondern einen Mann zu haben, der sich um alles kümmert und der Frau alles (sogar unangenehme Entscheidungen) abnimmt. Das gilt heutzutage als höchst unmodern – die moderne Frau muss Karriere machen und selbst ihre Frau stehen. Dafür hat sie das Recht auf wilden, selbstbestimmten Sex. Vor sechzig Jahren war das noch genau andersrum – die Frau hatte das Recht auf Rundumversorgung, musste sich dafür aber dem Versorger unterordnen. Leidenschaftlicher, selbstbestimmter Sex war eine Gefahr für den Mann – womöglich genügte er ihren Ansprüchen irgendwann nicht mehr. Karriere war nicht erwünscht, aber auch nicht nötig, da der Versorger sich ja um alle materiellen Bedürfnisse zu kümmern hatte. Im Gegenzug musste die Frau ihn emotional versorgen – notfalls auch unter Rückstellung ihrer eigenen emotionalen Bedürfnisse.

In *Fifty Shades of Grey* kann Ana nun diesen Konflikt auflösen und beides bekommen – sie hat einen Milliardär, der sie nicht nur materiell, sondern auch emotional rundum versorgt. Wenn sie Karriere machen will, kauft er ihr eine Firma. Da kann sie dann Leute rumkommandieren, aber es ist kein Risiko – sie kann ihren Job nicht verlieren. Sie kann zugleich ihren Mann durch Liebesentzug bestrafen, und sie weiß zudem, dass er ohne sie niemals seine ganzen Traumata überwinden könnte. Kurzum – sie ist jetzt alles in einem: versorgtes Karrierepüppchen, das auch noch die Macht über die Seele ihres Mannes hat. Darüber kommt eigentlich nur noch der liebe Gott mit seiner Machtfülle. Die ganzen Garnierungen mit BDSM und Sex in dem Roman sind Beiwerk und nicht das, was ihn interessant macht. Interessant sind die völlige Freiheit und die Lösung des Autonomie-Abhängigkeitskonflikts. Nicht umsonst sind später weitere BDSM-Sexromane gefloppt, während die Milliardärs-Liebesromane im E-Book-Bereich nach wie vor die Top 100 bei Amazon in reichlicher Auswahl besiedeln.

Hier haben wir die perfekte Phantasie für alle Frauen, die versorgt sein wollen und trotzdem herrschen möchten. Frauen, die mehr Interesse an ihrer eigenen Karriere haben und keinen Versorger, sondern einen gleichberechtigten Partner brauchen, an dem sie sich auch mal reiben können, gehören deshalb nicht zur Zielgruppe der *Shades*, denn die können darüber nur den Kopf schütteln – denen ist nicht nur das Buch intellektuell zu eintönig, sondern auch Anas ganzes Leben. Denn ein wirkliches Ziel hat sie nicht – sie ist einfach nur eine Tussi, die verwöhnt werden möchte und sich nach sofortiger Bedürfnisbefriedigung sehnt.

Aber mal ganz ehrlich, manchmal wünscht sich das jeder Mensch, und wenn einem dann so ein Buch zum richtigen Zeitpunkt in die Finger kommt, könnte es genau den richtigen Nerv treffen – wenn auch nur für kurze Zeit.

RÜCKBLICK UND AUSBLICK
ANSTELLE EINES NACHWORTS

Wir sind am Ende unserer Reise durch die Literaturweltgeschichte angelangt. Natürlich konnten wir nur eine kleine Auswahl treffen, und viele wichtige Werke mussten unberücksichtigt bleiben. Auch bitten wir zu entschuldigen, dass wir uns auf die Literatur der sogenannten westlichen Welt beschränkt haben. Die großen russischen Klassiker konnten wir leider nicht berücksichtigen, auch nicht die Werke der asiatischen und afrikanischen Literatur, ebenso wenig wie die Geschichten und Mythen Ozeaniens. Sie alle hätten es auch verdient, hier genannt zu werden, aber der Mensch blickt immer zuerst auf das, was er kennt und womit er von Kindheit und Jugend an sowohl traktiert als auch unterhalten wurde.

Eigentlich zeigt uns diese Literaturauswahl somit lediglich ein Spiegelbild der Wandlung dessen, was wir die «westliche Welt» nennen.

Das alte Griechenland nennt man gern die Wiege unserer Demokratie und Zivilisation. Die Griechen zeigten uns in ihrer Literatur, dass man sich noch so sehr um Kontrolle und

Sicherheit bemühen kann – am Ende kommt es immer anders, als man denkt. Ihre Demokratie ging dann auch irgendwann zum Teufel und wurde erst im 20. Jahrhundert reanimiert. Die Griechen zeigen uns also durch die Erfindung der Katastrophe in der Literatur, dass sie auf alles vorbereitet waren. Vermutlich hat ihnen das bis heute die Kraft gegeben, auch die Euro-Katastrophe zu überstehen.

Im Mittelalter, einer Zeit, in der oftmals das Recht des Stärkeren herrschte, sehnten sich die Menschen nach Verlässlichkeit. Von Katastrophen hatten sie die Nase voll, sie wollten Identifikationsfiguren haben, die Katastrophen beseitigen und dabei auch noch edel und anständig sind. Das Idealbild vom strahlenden, tugendhaften Ritter ward geboren. Zwar konnten auch die Ritter der Tafelrunde nicht alle Katastrophen abwehren und schlitterten immer wieder von einer in die andere, aber immerhin bemühten sie sich. Was unsere Ritter aber gut beherrschten – sie hatten immer einen Sündenbock, wenn es mal wieder nicht klappte. Im Zweifelsfall sind stets die Frauen schuld. Die Kirche, die ja von Männern beherrscht wurde und auch von Katastrophe zu Katastrophe schlitterte – man denke nur an die Kreuzzüge, die irgendwie alle katastrophal für die Christen ausgingen –, machte da sehr gern mit. Schuld sind immer die anderen – und die anderen, das sind alle Menschen außer christlichen Männern. Und so kam es zu einer Unterdrückung der Sexualität, die keinem wirklich guttat.

Der nächste Schritt war deshalb im 17. Jahrhundert der pubertäre Kampf um die sexuelle Selbstbestimmung. Aber das durfte man nicht so einfach sagen – noch befanden wir uns ja in einer Zeit von Sitte und Anstand. Also wurden zwei

Teenager wie Romeo und Julia zum bis heute gültigen Sinnbild für die ewige Liebe – auch wenn sie diese Rolle in Wirklichkeit gar nicht ausfüllen konnten. Aber darum ging es ja auch nicht. Viel entscheidender war in einer Zeit der arrangierten Ehen der Schrei nach Liebe, der Wunsch, sich den Ehepartner selbstbestimmt aussuchen zu dürfen. Zu Romeo und Julias Zeiten noch reine Science-Fiction.

Auch Goethe nahm den Kampf um die sexuelle Selbstbestimmung wieder auf – aber die Zeit war noch nicht reif, denn Werther scheiterte genauso wie Romeo und Julia. Wer sich das nimmt, was er will, erleidet in letzter Konsequenz den Tod. Und wenn er es sich nicht nimmt, erschießt er sich auch. Schlechte Zeiten für die Liebe – aber auch für die menschliche Kommunikation, denn anscheinend war es im 17. und 18. Jahrhundert noch nicht üblich, dass Männer und Frauen, die sich liebten, vernünftig miteinander redeten und Pläne machten. Mehr als Gesäusel war nicht erwünscht – und so waren tödliche Missverständnisse die Folge.

Im 19. Jahrhundert wurde es dann endlich modern, miteinander zu reden. Bei Karl May wird tatsächlich versucht, mit den Feinden ins Gespräch zu kommen und sich zu versöhnen, was erstaunlich oft funktioniert – aber nicht immer. Im 19. Jahrhundert wurde es auch immer wichtiger, miteinander zu reden, da die Waffen immer tödlicher wurden. Einen ersten Eindruck vermittelte der amerikanische Bürgerkrieg, aber den nahm in Europa kaum einer zur Kenntnis. Auch nicht die bahnbrechenden neuen Errungenschaften wie das Maschinengewehr, das ausgerechnet von einem amerikanischen Arzt erfunden wurde, der glaubte, wenn die Waffen nur schrecklich genug wären, würde sie keiner mehr einsetzen. Er war seiner Zeit voraus – aber nur ideell, nicht mit dem Maschinengewehr. Damit erreichte er vielmehr das Gegenteil dessen, was er sich vorgestellt hatte.

Während die Amerikaner sich also zu Tausenden umbrachten und ihr Land verwüsteten – in der Neuen Welt war man seiner Zeit eben immer voraus –, ging es an der Oberfläche in Europa deutlich gesitteter zu. Doch darunter brodelte es: Kolonialismus, Fremdenfeindlichkeit und die sexuelle Befreiung der Frau – für all das steht *Dracula*. Nicht umsonst geriet das britische Empire in seine ersten Schwierigkeiten, die Suffragetten kämpften für Gleichberechtigung, und Menschen anderer Rassen wurden als minderwertig betrachtet. Die Unterdrückten wollten endlich raus der Knechtschaft, die Frauen wollten Gleichberechtigung in jeder Hinsicht – sexuell und karrieremäßig –, und selbst die Kolonialvölker waren mit ihrer Rolle als ungebildete Eingeborene, die vom weißen Massa lernen müssen, nicht mehr zufrieden. Doch noch war die Zeit nicht reif für die konstruktive Auseinandersetzung. Dracula wurde vernichtet, ebenso wie aufständische Inder erschossen und die Suffragetten in Gefängnisse oder Irrenanstalten verfrachtet wurden. Eine harte Zeit für alle Menschen, die keine weißen Männer christlichen Glaubens waren. Insofern hatte sich da seit dem Mittelalter noch nicht viel geändert.

Mit Sherlock Holmes hält fast zeitgleich die Wissenschaft Einzug in die Literatur – nicht als utopische Science-Fiction-Vorstellung, wie es auch oft genug der Fall war, sondern als Möglichkeit, um Verbrechen aufzuklären. Hier wird der Wunsch der Menschheit nach Wissen und Gerechtigkeit spürbar. Die Wissenschaft löst nun langsam die Religion ab – der edle Ritter des Mittelalters wandelt sich in einen Detektiv – der aber ebenso viele Probleme hat, wie sie auch die Ritter der Tafelrunde hatten. Und Frauen spielen auch nur eine untergeordnete Rolle – sie sind ferne Wesen, die man anbeten kann so wie Irene Adler bei *Sherlock Holmes*, aber wirklich wichtig sind sie nicht. Noch sind wir in einer reinen Männergesellschaft, die die Frau lediglich zur Fortpflanzung braucht, aber nicht, um die Entwicklung der Menschheit voranzutreiben. Vielleicht hat sich außer einer Verbesserung der Waffentechnologie deshalb so wenig seit dem Mittelalter verändert – aber die Suffragetten rüsten auf und holen nach!

Im 20. Jahrhundert glaubt man, an der Schwelle einer neuen Zeit zu stehen, und das tut man auch – die beiden bis dahin schrecklichsten Kriege der Menschheit verheeren Europa und einen Großteil der restlichen Welt. Nur nicht Amerika, die haben das ja schon hinter sich gebracht und können jetzt endlich mal fernab der eigenen Haustür mitspielen.

Das Leben in dieser ersten Hälfte des 20. Jahrhunderts ist so verstörend, dass auch verstörende Literatur ihren Weg an die Öffentlichkeit findet – der gedemütigte Mensch wird zum Mistkäfer. Was eigentlich phantasievoller Unfug ist, wird zur Weltliteratur, denn es zeigt die ganze Zerrissenheit der Menschheit.

Und auch der amerikanische Bürgerkrieg passt in dieses Bild – noch vor dem Zweiten Weltkrieg bietet er erneut einen prophetischen Ausblick auf das, was kommt. Kriege befreien Frauen – erst von den Männern und dann von ihren Fesseln. Scarlett O'Hara reift durch den Krieg – die Frauen müssen endlich selbst alles in die Hand nehmen, um das Land zu retten. Was zunächst noch wie eine düstere Prophezeiung wirkt, zeigt sich nach dem Ende des Zweiten Weltkriegs eindrucksvoll – was die Männer zerstört haben, bauen die Frauen weltweit wieder auf. Die zweite Hälfte des 20. Jahrhunderts gehört ihnen, jetzt beginnt die wahre Befreiung, und als Symbol dafür steht das stärkste Mädchen der Welt – Pippi Langstrumpf. Noch ist sie nicht völlig frei vom Kolonialismusdenken – immerhin wird ihr Papa erst Neger- und dann Südseekönig –, aber wenigstens ist schon mal eine der unterdrückten Gruppen aufgestanden – die weiße Frau.

Momo ist ein weiteres Mädchen, das diesen Weg fortsetzt – wieder ist es ein weibliches Wesen, das dabei hilft, die Welt ein Stückchen mehr heilen zu lassen, auch wenn es dabei männliche Unterstützung hat. Wir nähern uns der Gleichberechtigung.

Der Name der Rose ist dann wieder ein postmoderner Rückschritt: Der gedemütigte weiße Mann sucht den Rückzug an den Ort, wo er nach wie vor allein herrschen kann – er geht ins Kloster. Aber halt! Nicht ganz! Auch hier zeigt sich das Ende des Kolonialismus, denn einer der Mönche ist – zumindest in der Verfilmung mit Sean Connery – schwarz! Ein Farbiger in einem Kloster weißer Männer – ist das ein schlechter Scherz? Und da das Lachen in diesem Buch ohnehin verpönt ist, stirbt er auch. Damit ist das Kloster wieder blütenweiß. Aber die Apartheit nähert sich dem Ende.

Im ausklingenden 20. und beginnenden 21. Jahrhundert wünschen die Menschen sich eine bessere Welt. Und wo finden sie die? In ihrer Phantasie. Nicht umsonst erobert ein Zauberlehrling die Welt – hier kann man endlich mal wieder gegen das Böse kämpfen und seinen Spaß haben. Zugleich lernen wir, dass es völlig egal ist, woher man kommt, was und wer man ist, man wird nur an seinen Taten gemessen.

Auch die Vampire erfahren nun endlich Gleichberechtigung – sie werden nicht mehr getötet, sondern geheiratet. Manch ein Mann des 21. Jahrhunderts, der den Verlust seiner Privilegien bedauert, mag meinen, das sei das Gleiche, aber es kommt noch schlimmer.

Der dominante Mann wird zum zahnlosen Tiger – zwar darf er noch so tun, als wäre er dominant, aber nur dann, wenn er auch unermesslich reich und wunderschön ist und seiner Angebeteten jeden Wunsch von den Augen abliest. Jede Frau möchte ihren Haustier-Milliardär – echte Männer haben in der Welt von *Fifty Shades of Grey* keine Chance mehr. Und so ist das, was viele für einen Rückschritt halten, nur der nächste Schritt der literarischen Evolution. Sollten irgendwann die Holodecks tatsächlich erfunden werden, wie man sie aus *Star Trek* kennt, wird die moderne literarische Frauengestalt keinen Mann mehr brauchen. Sperma gibt es auf der Samenbank, und falls da nix mehr ist, klont frau sich eben selbst. Männer dienen nur noch der Bedürfnisbefriedigung und den abartigen Phantasien – sie müssen keine Charaktere sein, sondern nur so tun. Denn eigentlich sind sie Lustobjekte. Die Emanzipation der Frau zeigt sich in der Literatur auch dadurch, dass sie dem neuen Subgenre, das Männer zu Lustobjekten degradiert, einen Platz einräumt. Vermutlich in derselben Ecke, wo wir klassische Männerpornographie finden – die gab es ja schon immer, denn Pornographie kommt aus dem Griechischen und heißt «über Huren schreiben». Das weibliche Pendant wird dann wohl die Milliardärsgraphie sein.

Und so stellt sich die Frage, wohin führt der Weg in der realen Weltgeschichte? Ins Matriarchat und in die Unterdrückung des weißen Mannes? «Verbitterter, weißer Mann» ist ja seit Trumps Wahl in den USA ein neues Schlagwort geworden.

Tatsächlich sieht die Zukunft jedoch überhaupt nicht so düster aus, wie man denken könnte. Sie wird bunter, denn eines haben die Werke des 21. Jahrhunderts gemeinsam: Es gibt kein reines Gut und Böse mehr. Wir bilden die Charaktere vielschichtiger ab, so, wie sie wirklich sind. Die einzigen Ausnahmen sind Funktionsträger, die nur gut oder böse oder sexy sein müssen. Aber das ist nicht die Regel. Selbst in scheinbar trivialen Geschichten wie *Harry Potter* oder *Twilight* stoßen wir auf eine große Anzahl fein ausgestalteter Charaktere, die nicht eindeutig gut oder böse sind, aber durchaus interessant. Severus Snape ist einer davon oder die Volturi bei *Twilight*. Nach außen hin mag unsere Literatur phantastischer werden, in Wahrheit bildet sie jedoch den Traum von einer multikulturellen, bunten Gesellschaft ab, in der jeder seinen Platz finden kann – wenn er darum kämpft und Kompromisse schließt.

Es bleibt spannend, die künftige Weltgeschichte auch weiterhin durch die Augen der Literatur zu verfolgen, denn jede Form der Literatur ist auch immer Spiegel der Zeit ihrer Entstehung und muss in diesem Kontext gewürdigt werden.

Weitere Titel von Claudia Hochbrunn

Die Welt, die ist ein Irrenhaus und hier ist die Zentrale

Ein Arschloch kommt selten allein

Helden auf der Couch.
Von Werther bis Harry Potter – ein psychiatrischer
Streifzug durch die Literaturgeschichte

Wer bin ich – und wie nehme ich ab?